Grammaire : Autour du verbe

1. Le verbe

— Le verbe est l'élément essentiel de la phrase.

— Le plus souvent, le verbe exprime une action.
Il permet de poser la question : qui est-ce qui fait l'action ?

Les tortues *hibernent* l'hiver. Qui est-ce qui hibernent ? *Les tortues.*
sujet   verbe

— Le verbe permet de poser des questions :

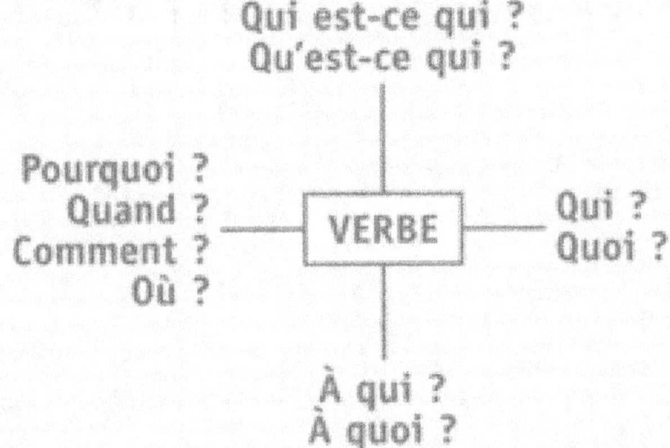

Le professeur <u>corrige</u> **les cahiers**. *Le professeur* <u>corrige</u> **quoi ?** *Les cahiers.*

2. LE SUJET

Dans une phrase, le **sujet** indique de qui ou de quoi on parle. Il répond à la question « Qui est-ce qui ? » ou « Qu'est-ce qui ? ».
• Pour repérer le sujet, on l'encadre par « c'est ... qui » ou « ce sont ... qui » :
Le chien **reste** *devant sa niche.* **C'est** *le chien* **qui** *reste devant sa niche.*

Dans une phrase à la **forme affirmative**, le sujet est le plus souvent placé avant le verbe :
Pierre travaille.
• Parfois le sujet est placé après le verbe dans une phrase affirmative :
Dans le lointain, surgit un cavalier.
• Dans une phrase à la **forme interrogative**, le sujet se trouve souvent après le verbe :
Où vas-tu ?

Le sujet du verbe peut être de différentes natures :
• un nom propre : *Sophie rit.*
• un groupe nominal : *Cette gentille fille sourit.*
• un pronom (je, il, on, nous, aucun...) : *Elle chante.*
• un verbe à l'infinitif : *Chanter lui plaît beaucoup.*

3.L'accord du sujet et du verbe

Le verbe s'accorde en **nombre** et en **personne** avec le sujet.
Les autruches **courent** *très vite.* *Le guépard* **est** *très rapide.*

Plusieurs verbes peuvent avoir le même sujet.
L'antilope **boit**, **lève** *la tête et* **s'enfuit.**

• Un verbe qui a plusieurs sujets au singulier s'accorde au pluriel.
La souris et le hamster se **ressemblent.**

Parfois, le verbe s'accorde avec un **pronom personnel** sujet qui n'est pas écrit dans la phrase et qui est sous-entendu.
Léo et moi (nous) **irons** *en vacances ensemble.* *Sarah et toi (vous)* **jouerez** *ensemble.*
⚠ Le verbe peut être séparé du sujet par d'autres mots. Il faut penser à l'accorder avec le sujet éloigné.
La souris, plus petite que le chat, se **glisse** *dans le trou du mur.*

4. LE COMPLÉMENT D'OBJET DIRECT – COD

▬ Le complément d'objet direct (COD) complète un verbe auquel il est rattaché directement. Il répond à la question « qui ? » ou « quoi ? » posée juste après le verbe. Avec la plupart des verbes, c'est un complément essentiel car on ne peut pas le supprimer sans rendre la phrase incompréhensible ou en changer le sens.
*Mon voisin <u>gagne</u> **sa vie** en vendant des aspirateurs.*

⚠ Mais avec certains verbes le COD peut être supprimé, la phrase gardant un sens :
*Je mange **des chocolats**.* → *Je mange.*

▬ Un complément d'objet direct peut être de différentes natures :
- un nom propre : *J'ai croisé **Jules**.*
- un groupe nominal : *Mon amie Manon collectionne **les beaux timbres**.*
- une proposition : *Je pense **que tu les retrouveras**.*
- un verbe à l'infinitif : *Nous aimons **écrire**.*
- un pronom (me, te, le, la, l', les, nous, vous, leur, en, celui-ci...) ; dans le cas d'un pronom personnel, il est alors placé avant le verbe : *Marie, vous **l'**avez déjà vue.*

⚠ Certains groupes nominaux COD sont introduits par un déterminant partitif qui indique une quantité, comme *du, de la* ou *des* : *Tu as mangé **de la** compote.*

5. LE COMPLÉMENT D'OBJET INDIRECT – COI

▬ Le complément d'objet indirect (COI) complète le verbe auquel il est rattaché à l'aide d'une préposition, comme à ou de. Il répond à la question à qui ? à quoi ? de qui ? de quoi ?
*J'ai écrit <u>à</u> **ma tante**. Ariane se moque <u>de</u> **son frère**.*

▬ Le COI complète souvent des verbes comme **dire** (annoncer, informer...) et comme **donner** (envoyer, porter, offrir...). Dans ce cas, on l'appelle complément d'objet second
*Il donne un livre <u>à</u> **Paul**.*

⚠ Lorsqu'elles introduisent un COI commençant par le ou les, les prépositions se contractent avec l'article et deviennent : à → au, aux ; de → du, des.

▬ Un COI peut être de différentes natures :
- un nom propre : *Il a rêvé de **Nicolas**.*
- un groupe nominal : *Ma cousine parle de **mon frère**.*
- un pronom personnel : *Emma **lui** a dit bonjour.*
- un infinitif : *J'oublie de **boire**.*
- une proposition : *Je pense à **ce qu'il m'a dit**.*

▬ Lorsque le COI est un pronom personnel, il se place avant le verbe et la préposition disparaît. Il est différent selon qu'il concerne :
- une personne (lui, leur) : *J'ai parlé à Julia* → *Je **lui** ai parlé.*
- un animal, un objet, une idée... (en, y) : *Il s'occupe des chats.* → *Il s'**en** occupe.*

6. LES PRONOMS PERSONNELS SUJET, COD ET COI

Les pronoms personnels remplacent un nom ou un groupe nominal qui les précèdent. Ils permettent d'éviter des répétitions.

■ Le pronom personnel sujet remplace un nom ou un groupe nominal sujet.
*Ma mère m'a confié un secret car **elle** me fait confiance.*

■ Le pronom personnel COD répond à la question « qui ? » ou « quoi ? » posée après le verbe. Les pronoms COD (**me, te, le, l', les**...) se placent souvent avant un verbe conjugué. Ils se placent après le verbe lorsqu'il est à l'impératif.
*Vous rangez vos livres. Vous **les** rangez. Rangez-**les** !*

■ Le pronom personnel COI répond à la question « à qui ? », « à quoi ? », « de qui ? », « de quoi ? » posée après le verbe. Les pronoms COI (**me, te, lui, nous, vous, leur**...) se placent en général avant le verbe.
*Je téléphone à **mes** grands-parents. Je **leur** demande un conseil.*

7. LES COMPLÉMENTS CIRCONSTANCIELS

■ Le complément circonstanciel complète le sens de la phrase. Il informe sur :
– le lieu où se déroule un événement. Il répond à la question : où ?
*Les plus belles tulipes poussent **en Hollande**.*
– le temps ou le moment où a lieu un événement. Il répond à la question : quand ?
*Les pêches murissent **l'été**.*
– la manière dont se fait une action. Il répond à la question : comment ?
*Les saisonniers cueillent les framboises **avec un grand soin**.*

■ Le complément circonstanciel peut être de différentes natures :
– un groupe nominal : ***L'hiver**, le soleil se lève tard.*
– un groupe nominal prépositionnel : *Les informations sont alarmantes **dans les journaux**.*
– un pronom personnel (en, y) : *Je viens de Marseille et j'**y** retourne le mois prochain.*
– un adverbe : *Je joue **souvent** au basket.*
– une proposition : ***Quand le blé est mûr**, les paysans récoltent les épis.*

■ Le plus souvent, le complément circonstanciel est un complément non essentiel que l'on peut déplacer à l'intérieur de la phrase ou supprimer.
*Il pleut **en automne**. → **En automne**, il pleut. → Il pleut.*

⚠ Avec certains verbes comme *aller*, le complément circonstanciel n'est ni déplaçable ni supprimable : *Je vais **à Paris**.*

8. L'ATTRIBUT DU SUJET

▄▄▄ L'attribut du sujet apporte une information sur le sujet de la phrase. Il est relié au sujet par un **verbe d'état** comme **être**, **devenir**, **demeurer**, **rester**, **paraître**...
L'attribut du sujet ne peut pas être supprimé ni déplacé : *Ce magasin paraît **fermé**.*

▄▄▄ L'attribut du sujet peut être de **différentes natures** :
– un **adjectif qualificatif** : *La maîtresse est **satisfaite**.*
– un **nom propre** : *Mon camarade se nomme **Alexandre**.*
– un **groupe nominal** : *La directrice semble **une personne sympathique**.*
– un **verbe à l'infinitif** : *Mon souhait est de **réussir**.*
– un **pronom** : *Il était déjà champion du monde et il **le** reste.*

▄▄▄ L'attribut du sujet s'accorde en genre et en nombre avec son sujet.
*Les lumières de la classe demeurent éteint**es** après le dernier cours.*

⚠ Il ne faut pas confondre l'attribut du sujet (après un verbe d'état) et le COD (après un verbe d'action).
> *Cet enfant **passe pour** <u>un élève studieux</u>. Il **apprend** <u>sa leçon</u>.*
>   attribut du sujet   COD

9. LES PRÉPOSITIONS

▄▄▄ Une **préposition** sert à relier un mot à un autre mot ou à l'ensemble de la phrase.
*Je vais **à** l'école **vers** huit heures.*
Une préposition peut être constituée :
• d'**un mot** (à, de, en, par, pour, avec, parmi, sans, devant...) ;
• de **plusieurs mots** (à cause de, grâce à, loin de, au-dessus de...).

▄▄▄ Lorsqu'elles sont placées devant **le** ou **les**, la préposition **à** devient **au, aux** et la préposition **de** devient **du, des**.
*Je parle à (le boucher) et à (les clients). → Je parle **au** boucher et **aux** clients.*
*Les passagers se plaignent de (le retard) et de (les dérangements). → Les passagers se plaignent **du** retard et **des** dérangements.*

▄▄▄ Une préposition apporte un **sens supplémentaire** au complément circonstanciel.
Elle peut indiquer :
• le **lieu** : à, à travers, au-delà de, au-dessous de, au-dessus de, chez, dans, de, derrière, devant, en, en face de, entre, jusqu'à, loin de, par là, parmi, près de, sous, sur, vers...
*J'irai **à** Paris.*
• le **temps** : à, avant, après, de, vers... *Il viendra **vers** huit heures.*
• la **manière** : avec, de, d', en, par, sans... *Elle argumente **avec** conviction.*

10. LES ADVERBES

Les adverbes modifient ou précisent le sens de certains mots :
*Marianne chante **bien**.* → *Marianne **ne** chante **jamais**.*

Les adverbes modifient ou précisent le sens :
– d'un verbe : *Les antilopes <u>courent</u> **vite**.*
– d'un adjectif qualificatif : *Le pâtissier m'a vendu une **très** <u>bonne</u> tarte.*
– d'un autre adverbe : *Parlez **plus** <u>clairement</u>.*
– et parfois de l'ensemble d'une phrase : ***Malheureusement**, le trapéziste a fait une chute.*

Les adverbes sont des mots **invariables** : *Les enfants aiment **bien** les jeux de société.*

Les adverbes peuvent apporter des précisions concernant :
– la **manière** : *vite, bien, mal, lentement, heureusement, tristement...*
– le **temps** : *hier, aujourd'hui, demain, souvent, longtemps, toujours, quelquefois...*
– le **lieu** : *ici, là, là-bas, ailleurs, loin...*
– la **quantité** : *assez, beaucoup, peu, très...*
– la **négation** : *ne... pas, ne... jamais, ne... plus...*

⚠ Un adverbe peut être composé de plusieurs mots : *ne... pas.*

De nombreux adverbes se construisent à partir de l'adjectif :
– adjectif masculin + *-ment* : *poli* → *poli**ment**.*
– adjectif féminin + *-ment* : *douce* → *douce**ment**.*

Les adjectifs terminés en **-ent** forment des adverbes en **-emment** :
négligent → *néglig**emment**.*
Les adjectifs terminés par **-ant** forment des adverbes en **-amment** :
brillant → *brill**amment**.*

GRAMMAIRE : AUTOUR DU NOM

11. NOMS PROPRES ET NOMS COMMUNS

La catégorie des noms comprend les **noms communs** et les **noms propres**.

Les **noms communs** commencent par une **lettre minuscule** ; ils sont très souvent précédés d'un déterminant : *un garçon, la femme, une souris, ce lapin, l'éponge, le plat.*
Ils désignent :
• des éléments animés : *des **personnes** → le charcutier ; des **animaux** → la hyène.*
• des éléments inanimés :
   – **concrets** : ce sont des choses que l'on peut voir, entendre, sentir ou toucher
   (*une table, un bruit, une fleur, un tissu*) ;
   – **abstraits** : ce sont des éléments que l'on ne peut ni voir, ni entendre, ni sentir,
   ni toucher (*le courage, la raison*).

Les **noms propres** commencent par une **lettre majuscule**.
• Ils désignent des **personnes** précises (*Malika, Monsieur Durancel*) ; des **villes** (*Paris*),
des **pays** (*l'Italie*), des **fleuves** (*le Rhin*), des **montagnes** (*les Vosges*)...
• Quand ils désignent un pays, une montagne, un fleuve, les noms propres sont le plus souvent précédés d'un article : *la France, les Alpes, la Loire.*

12. LES DÉTERMINANTS

En général, un nom commun est précédé d'un déterminant. Les articles définis, indéfinis et partitifs sont des déterminants.
– Les articles définis (le, la, l', les) s'emploient lorsqu'on connaît la personne, l'animal ou la chose désigné par le nom : *J'ai reconnu **la** moto de Paul en prenant **l'**autobus 138.*
– Les articles indéfinis (un, une, des) s'emploient lorsqu'on ne sait rien de la personne, de l'animal ou de la chose dont on parle : *J'ai vu **une** moto devant chez moi.*
– Les articles partitifs (du, de la, de l', des) s'emploient devant des noms non dénombrables, c'est-à-dire que l'on ne peut pas compter :
*Mon oncle a acheté **de l'**essence pour sa moto.*

Les déterminants donnent des indications sur :
– le genre du nom : ***un** scooter, **la** voiture, **du** pain* ;
– le nombre du nom : ***le** chat / **les** chats ; **un** chat / **des** chats ; **du** café ; **des** outils.*

Les adjectifs possessifs, démonstratifs, numéraux ordinaux et numéraux cardinaux sont des déterminants.
– Adjectifs possessifs : *mon, ton, son, ma, ta, sa, mes, tes, ses, nos, vos, leurs...*
– Adjectifs démonstratifs : *ce, cet, cette, ces.*
– Adjectifs numéraux cardinaux et ordinaux : *un, deux, trois..., premier, deuxième, troisième...*

Les adjectifs possessifs renseignent sur le possesseur.
*Myrtille écrit sur **son** cahier. Il s'agit du cahier de Myrtille.*

Les adjectifs démonstratifs désignent quelque chose que l'on montre.
***Ce** chien appartient à ma voisine.*

Les adjectifs numéraux indiquent un nombre (cardinal) ou un rang (ordinal).
*Mehdi a marqué **trois** buts ; c'est la **première** fois que cela lui arrive.*

Ces déterminants ont le genre et le nombre du groupe nominal.
***Ces** garçons, **cette** petite fille.*

Les adjectifs indéfinis, les adjectifs exclamatifs et les adjectifs interrogatifs sont des déterminants.
– Adjectifs indéfinis : *certain(es), tout(es), tous, quelque(s), plusieurs, tel(les)...*
– Adjectifs exclamatifs : *quel, quels, quelle, quelles.*
– Adjectif interrogatifs : *quel, quels, quelle, quelles.*

Les adjectifs indéfinis indiquent une quantité plus ou moins précise : *Ils sont **tous** venus.*

Les adjectifs exclamatifs s'emploient dans une phrase exclamative, pour exprimer la surprise, l'émotion : ***Quel** beau paysage !*

Les adjectifs interrogatifs s'emploient dans une phrase interrogative, pour poser une question : ***Quel** plat préfères-tu ?*

Ces déterminants ont le genre (le plus souvent) et le nombre du nom ou du groupe nominal auquel ils se rapportent : *Quelques garçons. Quelles filles ?*

13. L'ADJECTIF QUALIFICATIF

L'adjectif qualificatif donne des précisions sur le nom qu'il accompagne.
Seul, le **petit** <u>chat</u> est **craintif**.

L'adjectif peut avoir **trois fonctions** : quand il fait partie du groupe nominal, l'adjectif qualificatif est une **expansion du nom épithète** ou **apposé** au nom ; quand il dépend du verbe, il est **attribut du sujet**.

L'adjectif **épithète** est situé à côté du nom qu'il qualifie, avant ou après le nom :
*un **grand** <u>sportif</u> ; un <u>sportif</u> **performant**.*

L'adjectif **apposé** est séparé du nom qu'il qualifie par une virgule :
***Malheureuse**, <u>Cosette</u> pleurait. <u>Cosette</u>, **malheureuse**, pleurait.*

L'adjectif **attribut** fait partie du groupe verbal. Il est **relié au nom** qu'il qualifie par un verbe d'état : *<u>Il</u> nous a paru **heureux**.*

L'adjectif qualificatif **s'accorde en genre et en nombre** avec le nom qu'il qualifie :
*Des <u>pâtes</u> **moelleus<u>es</u>**. **Moelleuses**, ce<u>s</u> <u>pâtes</u> fondaient dans la bouche.*
*Ce<u>s</u> <u>pâtes</u> sont **moelleus<u>es</u>**.*

14. LE COMPLÉMENT DU NOM

Le complément du nom complète et précise le sens du nom.
Il peut être de différentes natures :
– un **nom** : *une boule <u>de</u> **glace*** ; ou un groupe nominal : *la maison <u>de</u> **mon enfance**.*
– un **verbe** : *une machine <u>à</u> **coudre**.*
– un **adverbe** : *des histoires <u>d'</u>**autrefois**.*

Le complément du nom est souvent relié au nom par une **préposition** (de, à, en, sous, par, pour...) : *le chat <u>de</u> **la voisine** ; une tarte <u>à</u> **l'abricot** ; une boîte <u>en</u> **carton** ; un emballage <u>sous</u> **vide** ; un envoi <u>par</u> **courrier électronique** ; un train <u>pour</u> **Dijon**.*

Lorsque le complément du nom est précédé de la préposition à ou de suivie du déterminant le ou les, le déterminant se contracte avec la préposition, les deux ne faisant qu'un seul mot : au, aux, du, des.
*Un gâteau <u>à</u> **la framboise** ; un gâteau <u>aux</u> **framboises** ; une tarte <u>au</u> **citron**.*
*Le travail <u>de</u> **la boulangère** ; le travail <u>du</u> **boulanger** ; le travail <u>des</u> **boulangères**.*

15. LA PROPOSITION RELATIVE

La proposition relative **complète** un nom.
Je connais un Américain qui habite à Los Angeles.
proposition relative

La proposition relative est introduite par un **pronom relatif**, comme qui ou que.
Elle est placée **après** le nom qu'elle complète.
C'est le plat que tu préfères. – Le plat que tu as cuisiné est délicieux.
pronom relatif   proposition relative

La proposition relative peut remplacer un **adjectif qualificatif** ou un **complément du nom**, ou être remplacée par eux.
*C'est une montagne **qui est couverte de sable**. → C'est une montagne **sableuse**.*
proposition relative   adjectif qualificatif
*→ C'est une montagne **de sable**.*
complément du nom

⚠ Après un verbe, **que** n'est pas un pronom relatif. *Il pense **que** cette montagne est sableuse.*

GRAMMAIRE : LA NATURE ET LA FONCTION DU MOT

16. NATURE ET FONCTION

Chaque mot appartient à une catégorie : c'est la **nature** du mot. Le plus souvent, elle ne change pas. Elle est indiquée dans le dictionnaire.
Il existe différentes natures de mots :

adjectif démonstratif	nom commun	verbe	adjectif qualificatif	nom propre	pronom	verbe	adverbe	préposition	article	nom commun
Cet	exercice	est	facile.	Louise	le	réalise	rapidement	sur	le	tableau.

Chaque mot a une **fonction** dans la phrase. Cette fonction dépend souvent de la **place** du mot dans la phrase et de son **rôle**.
Par exemple, un nom peut avoir différentes fonctions.
Mon père lit le journal. Le journal donne des informations. J'ai lu un article dans le journal.
COD   sujet   complément circonstanciel

17. LA PHRASE

- Une phrase est une suite de mots organisée qui a un sens.
La Terre tourne autour du Soleil.

- Une phrase commence toujours par une lettre majuscule et se termine par un point.
L'alpiniste escalade la montagne.

- En général, une phrase contient un sujet, un verbe et parfois des compléments.
Les enfants rient.   Demain, les vacanciers iront à la pêche aux crevettes.
  sujet   verbe   complément   sujet   verbe   complément

- Une phrase peut contenir un ou plusieurs verbes.
*Dans le ciel, les nuages **sont** presque noirs et il **va** pleuvoir.*

⚠ Il existe des phrases sans verbe : *Quelle belle vue !*

18. LES TYPES DE PHRASES

Il existe quatre types de phrases :

- Les phrases déclaratives permettent de donner une information ou une opinion.
Elles se terminent par un point : *J'ai rendu visite à ma grand-mère.*

- Les phrases interrogatives permettent de poser une question. Elles se terminent par un point d'interrogation. Elles se construisent en plaçant le sujet après le verbe ou en commençant la phrase par est-ce que :
À quelle heure partons-nous ? Est-ce que tu as fini ta leçon ?

- Les phrases injonctives permettent de donner un ordre ou un conseil. Elles contiennent souvent un verbe à l'impératif. Elles se terminent par un point : *Ferme les volets.*

- Les phrases exclamatives permettent d'exprimer un sentiment, une émotion.
Elles se terminent par un point d'exclamation : *Quel adorable bébé il a !*
Le type exclamatif peut s'ajouter à un autre type de phrase : *Ferme vite la fenêtre !*
Cette phrase est injonctive et exclamative.

19. LES FORMES DE PHRASES

Il existe deux formes de phrases :

▬ La forme affirmative : le verbe indique que l'action a lieu.
J'achète un nouveau sac à dos.

▬ La forme négative : le verbe est accompagné d'un adverbe qui indique
que l'action n'a pas lieu. *Le peintre **ne** termine **pas** son travail.*
Différents adverbes expriment la négation : *ne... pas, ne... personne, ne... plus,
ne... jamais, ne... guère, ne... rien, ne... ni... ni...* et d'autres encore.
Ces adverbes encadrent le verbe si le temps est simple : *Il **ne** prend **jamais** de petit-déjeuner.*
Ils encadrent l'auxiliaire si le temps est composé : *Il **n'a rien** mangé depuis ce matin.*

▬ Chaque type de phrase (déclaratif, interrogatif, impératif ou exclamatif) peut s'écrire
à la forme affirmative ou négative.

20. LA PONCTUATION

▬ La ponctuation est un ensemble de signes qui permet de comprendre une phrase
ou un texte. Une phrase est délimitée par une lettre majuscule et un point,
un point d'interrogation, un point d'exclamation ou des points de suspension.
Le facteur distribue le courrier. À quelle heure aura-t-il fini ?

▬ À l'intérieur de la phrase, on peut mettre des signes de ponctuation comme la virgule
le point-virgule, les deux-points, les parenthèses.
*Le facteur distribue le courrier : des cartes postales, des lettres, des journaux ;
le facteur circule à bicyclette (il est très sportif).*

▬ Lorsque les paroles d'une personne sont mentionnées, elles sont encadrées par
des guillemets. Dans un dialogue, les guillemets signalent le début et la fin du dialogue.
Quand une nouvelle personne prend la parole, on doit aller à la ligne et mettre un tiret.
« Rangez vos affaires, <u>a dit</u> le maître.
– Tout de suite », <u>*ont répondu*</u> *les élèves.*
Lorsqu'un verbe introducteur (dire, prononcer, parler...) précède les paroles
d'une personne, on ajoute deux-points. *Le maître nous <u>a dit</u> : « Rangez vos affaires. »*

⚠ La ponctuation peut modifier le sens de la phrase.
Un élève, dit Jules, est sorti en récréation. Un élève dit : « Jules est sorti en récréation. »

21. LA PHRASE SIMPLE ET LA PHRASE COMPLEXE

Une **phrase simple** contient un seul verbe conjugué. Elle est composée d'une seule proposition.

La marmotte <u>dort</u> tout l'hiver.

Une **phrase complexe** contient au moins deux verbes conjugués.

Le chat <u>chasse</u> la nuit et il <u>dort</u> dans la journée.

Une **phrase complexe** comporte autant de propositions que de verbes conjugués. Quand une phrase a trois verbes, elle a trois propositions.

Le chat <u>court</u>, <u>chasse</u> et <u>mange</u>.

22. LES PROPOSITIONS JUXTAPOSÉES ET COORDONNÉES

Lorsque les propositions d'une phrase complexe sont séparées par une virgule, ce sont des **propositions juxtaposées**.

Le chat dort, les souris dansent.

Lorsque les propositions d'une phrase complexe sont reliées par une conjonction de coordination, ce sont des **propositions coordonnées**.

*Mon chien est agité **mais** il est affectueux.*

Les **conjonctions de coordination** sont : **mais**, **ou**, **et**, **donc**, **or**, **ni**, **car**. Les conjonctions de coordination ont des sens différents.

*Ma sœur est bonne en maths **et** elle réussit aussi en anglais.*
*Mon frère aime l'histoire **mais** il ne s'intéresse pas à la géographie.*

23. LES PROPOSITIONS SUBORDONNÉES

Dans une phrase, une proposition subordonnée complète une proposition principale.
Le cordonnier répare les chaussures **que j'ai usées**.

La proposition subordonnée relative complète le nom placé avant elle. On appelle ce nom l'antécédent. Elle est introduite par un pronom relatif.
Je t'ai acheté les pâtisseries **que tu aimes**.

La proposition subordonnée conjonctive peut être **complément d'objet direct** du verbe de la proposition principale. Elle est introduite par la conjonction de subordination que.
Je sais **que tu as raison**.

⚠ **que** peut donc avoir deux natures différentes : **pronom relatif** ou **conjonction de subordination**.

La proposition subordonnée conjonctive peut être **complément circonstanciel** du verbe de la proposition principale. Elle est introduite par les conjonctions quand, comme, lorsque, parce que...
Nous sortirons **quand la pluie s'arrêtera**.

Orthographe: Orthographe lexicale (comment s'écrivent les mots)

1. LES MOTS DE LA MÊME FAMILLE

—— Un son s'écrit toujours de la même façon dans les mots d'une même famille :
une dent → un dentiste → un dentier – une danse → un danseur → danser.
Tous les mots d'une même famille ont la même écriture particulière :
un compte → un compteur → un comptage.

—— On peut souvent trouver la lettre finale muette d'un mot en cherchant un mot de la même famille :
le trot du cheval → le cheval trotte.

—— Quand on doit choisir entre plusieurs écritures d'un son, un mot de la même famille permet parfois de trouver de quelle manière écrire ce son :
une crinière → un crin.

2. LA LETTRE H

—— Le plus souvent, la lettre h ne se prononce pas lorsqu'elle est située en début de mot ou dans le mot :
un hérisson – une bibliothèque.

—— Dans certains mots, la lettre h est utilisée pour séparer deux voyelles : *une cohue.*

—— La lettre h associée à une autre lettre se prononce :
p + h = ph → [f] : *une photographie.*
c + h = ch → [ʃ] : *un chapeau.*

⚠ *un chrysanthème – un chœur – un orchestre – une chorale.*

3. LE DOUBLEMENT DES CONSONNES

On rencontre des doubles consonnes dans les mots formés avec les préfixes in-, ir-, il-, en-, em-, im- quand la même consonne se trouve déjà dans le radical :

ir- devant r → **irr**éel	il- devant l → **ill**ettré	im- devant m → **imm**ortel	em- devant m → **emm**énager	en- devant n → **enn**eiger

Les mots commençant par aff-, eff-, off- s'écrivent avec deux ff : une **aff**ection, une **off**ense, un **eff**ort. ⚠ **Af**rique, **af**ricain, **af**in.

Les mots commençant par acc-, app-, arr-, att- s'écrivent avec une double consonne s'il existe un verbe dans leur famille de mots :

appeler → un **app**el	**acc**order → un **acc**ordéon	**arr**oser → un **arr**osoir	**att**acher → une **att**ache

⚠ **ap**ercevoir, **ap**latir, **ap**aiser, **ap**ostropher   ⚠ en **ar**rière   ⚠ une **at**titude

Les adverbes en -emment ou -amment sont construits à partir d'adjectifs en -ent ou -ant : prud**ent** → prud**emment** ; méch**ant** → méch**amment**.

4. LES HOMOPHONES

LES HOMOPHONES À NE PAS CONFONDRE :

a/à ont/on est/et son/sont ses/ces mes/mais on/on n'
ce/se c'est/s'est c'/s' c'était/s'était ou/où la/l'a/l'as/là d'on/dont/donc sans/s'en
quel(s)/quelle(s)/qu'elle(s)

ET	
Tintin **et** Milou	Une chemise rouge **et** noire
Les garçons **et** les filles	Un dessin bête **et** méchant
Le joueur dribble **et** tire.	L'élève travaille rapidement **et** silencieusement.
L'élève a relu **et** corrigé sa dictée.	Son travail est vite fait **et** bien fait.
Le meunier, son fils **et** l'âne.	Tire la bobinette **et** la chevillette cherra !
Des pommes, des poires **et** des scoubidous !	La cloche sonne **et** les enfants se rangent.

OU	
Tintin **ou** Milou	Une chemise rouge **ou** une chemise noire
Les garçons **ou** les filles	Une personne gentille ou méchante
Le joueur fait une passe **ou** tire.	L'élève travaille rapidement **ou** lentement.
L'élève a terminé **ou** non de corriger sa dictée.	Son travail est bien fait **ou** mal fait.
Des pommes **ou** des poires **ou** des oranges.	Les enfants rentrent en ordre **ou** ils rentrent en désordre.

MAIS	
Le joueur dribble **mais** il ne tire pas.	L'élève travaille rapidement **mais** bruyamment.
L'élève a relu **mais** il n'a pas fait la correction.	Son travail est vite fait **mais** mal fait.
Mais non ! **Mais** si !	La cloche sonne **mais** les enfants ne se rangent pas.

À-AU-AUX	
Je vais **à** l'école.	Un pull **à** manches longues.
Je mange **à** la cantine.	Un fer **à** repasser.
Maman va <u>au</u> marché.	Une écorchure <u>au</u> genou.
Papa est parti <u>aux</u> courses.	Un pain <u>aux</u> raisins.
Cette trousse est **à** Alex.	J'ai un exercice **à** finir.
L'eau est **à** tout le monde.	J'ai un stylo vert <u>pour</u> corriger.
Ce coussin est <u>au</u> chien.	On apprend à lire, à écrire et à compter.
Cette voiture appartient <u>aux</u> voisins.	On vient <u>de</u> finir la dictée.
	À qui est ce cahier ?
	À quoi ça sert ?

SON-SA-SES	
Alex enfile **son** pantalon et <u>sa</u> chemise.	La mère d'Alex est violoniste ; **son** père est pianiste.
Amélie prend **son** écharpe et <u>ses</u> gants.	<u>Ses</u> parents sont musiciens.

SES-SON-SA	
Amélie prend **ses** gants et <u>son</u> écharpe.	La mère d'Alex est violoniste ; <u>son</u> père est pianiste.
Alex met **ses** chaussures et <u>sa</u> veste.	**Ses** parents sont musiciens.
Amélie laisse toujours traîner **ses** affaires.	Le chat lèche **ses** poils ; <u>sa</u> fourrure est propre.
	La chatte lape <u>son</u> lait et mange **ses** croquettes.

ON	
La nuit, **on** dort.	**On** frappe à la porte.
La nuit, <u>tout le monde</u> ne dort pas.	<u>Quelqu'un</u> frappe à la porte.
Dans une chorale, **on** chante.	**On** m'a rapporté mon écharpe.
Dans une chorale, <u>tout le monde</u> chante.	<u>Quelqu'un</u> m'a rapporté mon écharpe.
On vient de finir la dicté.	**On** ne sait pas qui a fait ça.
<u>Nous</u> venons de finir la dictée.	<u>Personne</u> ne sait qui a fait ça.

EST	
Max <u>était</u> malade hier ; il **est** là aujourd'hui et il <u>sera</u> là demain. Max et Alex <u>étaient</u> malades hier ; ils <u>sont</u> là aujourd'hui et ils <u>seront</u> là demain. Amélie **est** là aujourd'hui ; elle <u>sera</u> absente demain.	Alex **est** tombé dans l'escalier ; il s'**est** fait mal. (Alex <u>a</u> fait une chute dans l'escalier ; il <u>a</u> souffert.) Max et Alex <u>sont</u> tombés dans l'escalier ; ils se <u>sont</u> fait mal.
C'**est** le premier arrivé qui gagne. Ce <u>sont</u> les premiers arrivés qui gagnent.	C'**est** le printemps. C'<u>était</u> l'hiver. Ce <u>sera</u> l'été.

SONT	
Max et Alex <u>étaient</u> malades hier ; ils **sont** là aujourd'hui et ils <u>seront</u> là demain. Max <u>était</u> malade hier ; il <u>est</u> là aujourd'hui et il <u>sera</u> là demain.	Max et Alex **sont** tombés dans la cour ; ils se **sont** fait très mal. Alex <u>est</u> tombé dans la cour ; il s'<u>est</u> fait très mal.
Les fruits **sont** mûrs. La poire <u>est</u> mure. Les nuages **sont** gris. Le ciel <u>est</u> gris.	Ce **sont** les premiers arrivés qui gagnent. C'<u>est</u> le premier arrivé qui gagne.

A-ONT	
Alex **a** un petit chien. Il <u>avait</u> déjà un chat. Bientôt il <u>aura</u> un lapin.	Alex **a** fait une chute dans la cour ; il **a** eu très mal. Alex <u>est</u> tombé dans la cour ; il s'<u>est</u> fait très mal.
Il y **a** trop de bruit ! Hier, il y <u>avait</u> du vent. Il y <u>aura</u> du monde dimanche, à la fête.	Alex **a** un vélo. Les parents d'Alex <u>ont</u> une voiture. Son frère **a** une moto. Sa sœur <u>avait</u> une patinette.

ONT-A	
Les parents d'Alex **ont** une voiture. Alex et sa sœur **ont** un vélo. Son frère <u>a</u> une moto.	Max et Alex **ont** fait une chute dans la cour ; ils **ont** eu très mal. Alex <u>a</u> fait une chute dans la cour ; il <u>a</u> eu très mal.

OÙ	
C'est la maison **où** j'habite.	**Où** allez-vous en vacances ?
C'est la maison <u>que</u> tu vois en face.	<u>Quand</u> partez-vous ?
C'est la maison <u>dont</u> je t'ai parlé.	<u>Combien</u> de temps resterez-vous ?
C'est la maison <u>qui</u> a des volets verts.	<u>Comment</u> voyagerez-vous ?

LÀ-ICI	
Attendez- moi ici !	Restez **là** !
C'est ici que j'habite.	J'habite par **là**.
Vous trouverez bien ce que vous cherchez, ici ou **là**.	Il y a du monde ici ; il y en a aussi par **là**.

MES-MON-MA-**TES**-TON-TA-**SES**-SON-SA	
Je range **mes** livres, <u>mon</u> classeur et <u>ma</u> trousse.	**Mes** parents sont chez <u>mon</u> grand-père avec <u>ma</u> sœur et <u>mon</u> frère.
Tu ranges **tes** livres, <u>ton</u> classeur et <u>ta</u> trousse.	**Tes** parents sont chez <u>ton</u> grand-père avec <u>ta</u> sœur et <u>ton</u> frère.
Léa range **ses** livres, <u>son</u> classeur et <u>sa</u> trousse.	Léa est toute seule ; **ses** parents sont chez <u>son</u> grand-père avec <u>sa</u> sœur et <u>son</u> frère.

CE-C'-CET-CETTE-**CES**	
Ce roman me plait ; <u>cette</u> BD me plait aussi ; et <u>cet</u> album également. Je veux lire tous **ces** livres.	**C'**est l'été ; **ce** sont les vacances.
	C'était la rentrée ; **c'**étaient les retours.
Je choisis **ce** que je préfère.	Est-**ce** que vous partez en vacances ?

LA-LE-L'-**LES**	
Maman me donne une glace ; je **la** mange. Je **l'**ai mangée.	Tu ne trouves plus ta trousse ; tu **la** cherches. Tu **l'**as perdue.
Maman me donne un gâteau ; je **le** mange. Je **l'**ai mangé.	Tu ne trouves plus ton stylo ; tu **le** cherches. Tu **l'**as perdu.
Maman m'a donné des biscuits ; je **les** mange. Je **les** ai mangés.	Je ne trouve plus mes gants ; je **les** cherche. Je **les** ai perdus.
Maman m'a donné des cerises ; je **les** mange. Je **les** ai mangées.	Je ne trouve plus mes clés ; je **les** cherche. Je **les** ai perdues.
J'ai rencontré Alex. Je **l'**ai vu au foot. Tu as rencontré Alex. Tu **l'**as vu à la piscine. Maman a rencontré Aline. Elle **l'**a vue au marché.	- Je n'ai jamais dit ça ! - Si, tu **l'**as dit ! - Non, je ne **l'**ai pas dit !

ON-ON N'	
- Est-ce que vous avez faim ?	- Est-ce qu'on peut jouer au ballon ici ?
- Non, **on** ne veut pas manger maintenant ; **on** n'a pas faim.	- Non, **on** ne peut pas jouer au ballon ici ; **on** n'a pas le droit.
- Avez-vous vu quelque chose ?	- Avez-vous vu quelqu'un ?
- Non, **on** n'a rien vu.	- Non, **on** n'a vu personne.
- Avez-vous encore peur ?	- Êtes-vous toujours d'accord ?
- Non, **on** n'a plus peur.	- Non, **on** n'est jamais d'accord !

SE-S'-ME-M'-TE-T'	
Le matin, Alex **se** réveille. Il **se** lève, il **se** lave, il **se** peigne. Il **s'**habille. Le soir, il **se** déshabille, il **se** couche et il **s'**endort.	Léa **s'**assoit, **s'**installe et **se** met au travail. Elle **s'**arrête de travailler, **se** lève et **s'**en va.
Tu **t'**appelles Léa et je **m'**appelle Alex. Tu **te** nommes Léa et je **me** nomme Alex.	Tu **t'**es assise et je **me** suis assis. Tu **t'**es arrêtée et je **me** suis arrêté.
Alex a vu un papillon. Il **s'**en approche lentement. Il a aperçu une vipère. Il **s'**en éloigne doucement.	J'ai ordonné au chien de partir mais il ne **s'**en va pas. Léa veut résoudre un problème mais elle ne **s'**en sort pas.

DONT	
Je t'ai parlé d'un livre.	Léa a parlé d'une de ses amies.
C'est le livre dont je t'ai parlé.	C'est l'amie dont elle a parlé.
Voici le livre dont je t'ai parlé.	Voici l'amie dont elle a parlé.

QU'ELLE-QU'IL-QUE	
Léa a des amis. Elle invite à son anniversaire tous les amis **qu'**elle a.	Léa a des amis que vous connaissez. Elle invite à son anniversaire tous les amis que vous connaissez.
Alex a des copains. Il joue au ballon avec tous les copains **qu'**il a.	Alex a des copains que vous connaissez. Il joue au ballon avec tous les copains que vous connaissez.
Qu'est-ce que Léa vous a dit ? Que vous a-t-elle dit ? Je sais ce **qu'**elle vous a dit.	**Qu'**est-ce qu'Alex vous a dit ? Que vous a-t-il dit ? Je sais ce **qu'**il vous a dit.
Léa et Alex ont plein d'amis. Ils jouent avec les amis **qu'**ils ont.	Léa et Aline ont plein de poupées. Elles jouent avec les poupées **qu'**elles ont.

SANS-AVEC	
Léa est partie **sans** parapluie. Il pleut ; elle aurait dû sortir avec un parapluie.	Maman a servi les pâtes **sans** fromage. Je préfère les pâtes avec du fromage.

QUEL-QUELLE- QUELS-QUELLES	
Quel jour sommes-nous ? **Quels** amis inviterez-vous ?	**Quelle** est cette fleur ? **Quelles** sont ces fleurs ?
Quel malheur !	**Quelle** horreur !
<u>Par</u> **quel** chemin passe-ton ? <u>Dans</u> **quel** tiroir sont les mouchoirs ?	<u>À</u> **quelle** heure va-t-on à la bibliothèque ? <u>Pour</u> **quelle** heure faut-il être revenu ?
On ne sait pas à **quel** jeu jouer. Je sais **quel** est le problème. On verra **quels** exercices on aura.	On ne sait pas **quelle** chanson chanter. Je sais **quelle** est la solution. On verra **quelles** questions on aura.

5. LES SONS

Le son [k] s'écrit le plus souvent **c** ou **qu**.

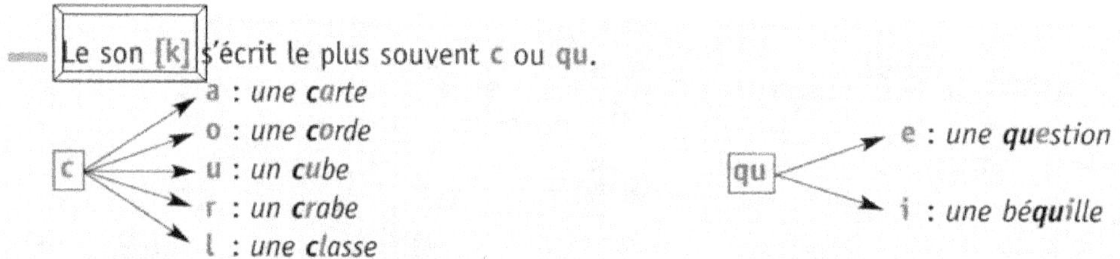

a : une **c**arte
o : une **c**orde
u : un **c**ube
r : un **c**rabe
l : une **c**lasse

e : une **qu**estion
i : une bé**qu**ille

⚠ *quatre, quand, pourquoi, une qualité, un quartier…*   ⚠ *cinq, un coq.*

Il s'écrit très rarement **ch**, **k** : *une* **ch**orale, *un* **k**imono.

Le son [k] s'écrit le plus souvent **c** à la fin des noms masculins et **que** à la fin des noms féminins :
un sac, **une boutique.**

⚠ *un moustique, un chèque, un élastique…*

Les verbes dont l'infinitif se termine par -**quer** conservent -**qu**- dans toute leur conjugaison :
*man**qu**er, je man**qu**ais, nous man**qu**ons.*

Le son [e] s'écrit :

au début du mot	à l'intérieur du mot	à la fin du mot
é-… : *un é*cran	…**-é-**… : *la m*é*téo*	…**-é** : *la libert*é *– il a lav*é …**-er** : *du papi*er *– lav*er …**-ez** : *vous lav*ez

⚠ *chez, un nez, assez / un pied.*

À la fin des verbes du 1er groupe, le son [e] peut s'écrire 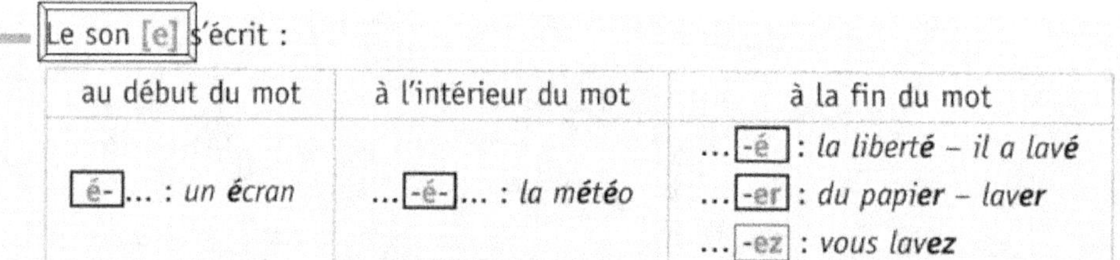

-er à l'infinitif
-é au participe passé
-ez avec *vous*

Pour ne pas confondre -er (infinitif) et -é (participe passé) à la fin des verbes du 1er groupe, on peut :
• Pour l'infinitif, poser la question « Faire quoi ? » : *Il aime nag*er. → *Il aime* **faire quoi ?** *nager.*
– remplacer le verbe du 1er groupe par un verbe du 3e groupe : *Il aime nag*er. → *Il aime* **apprendre.**
• pour le participe passé, poser la question « Il a fait quoi ? » : *Il a nag*é.
– remplacer le verbe du 1er groupe par un verbe du 3e groupe : *Il a nag*é. → *Il a* **appris.**

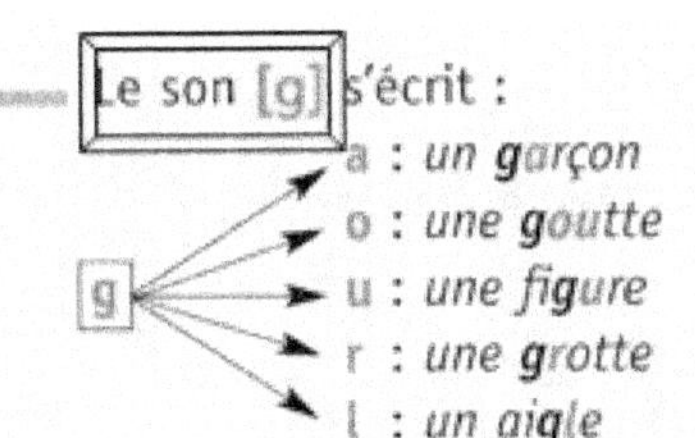

Les verbes dont l'infinitif se termine par -guer conservent le u dans toute leur conjugaison, même lorsque le g est suivi de a ou de o : *je me fatiguais, nous nous fatiguons.*

Quelques mots se terminent par un g qui ne se prononce pas : *un rang, un étang...*
Souvent, un mot de la même famille permet d'expliquer le **g** : *du sang → sanguin.*

Le son [ɛ̃] s'écrit :

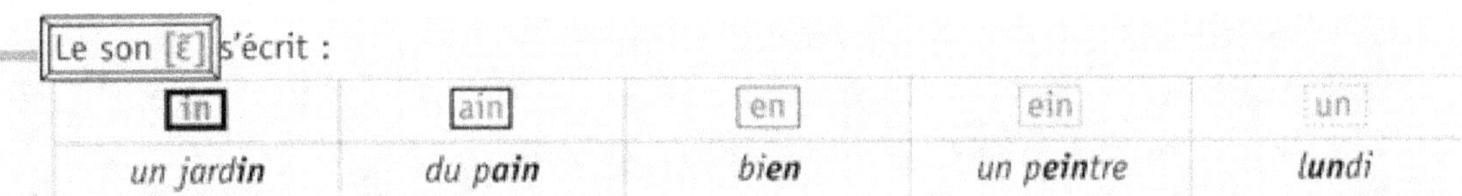

in	ain	en	ein	un
un jard**in**	du p**ain**	bi**en**	un p**ein**tre	l**un**di

Le son [ɛ̃] s'écrit im lorsqu'il est suivi des lettres b, p, m : *un timbre, simple, immangeable.*

Le son [ɛ̃] s'écrit toujours in ou im en début de mot : *un invité, une imprimerie.*   ⚠ *ainsi.*

Le son [jɛ̃] s'écrit toujours ien : *un chien.*

Un mot de la même famille peut aider à savoir s'il faut écrire ain, in ou un.
la graine → le grain – la matinée → le matin – chacune → chacun.

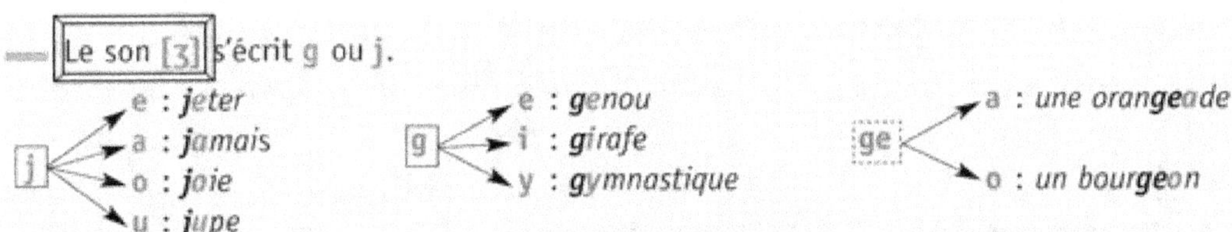

Le son [ʒi] s'écrit toujours gi : *une girafe, c'est magique.*

Le son [ʒ] s'écrit toujours ge en fin de mot : *une image.*

Les verbes se terminant par -ger à l'infinitif conservent le g quand ils sont conjugués ;
le g est suivi d'un e la plupart du temps.
nager – il nage – nous nageons – il nageait.

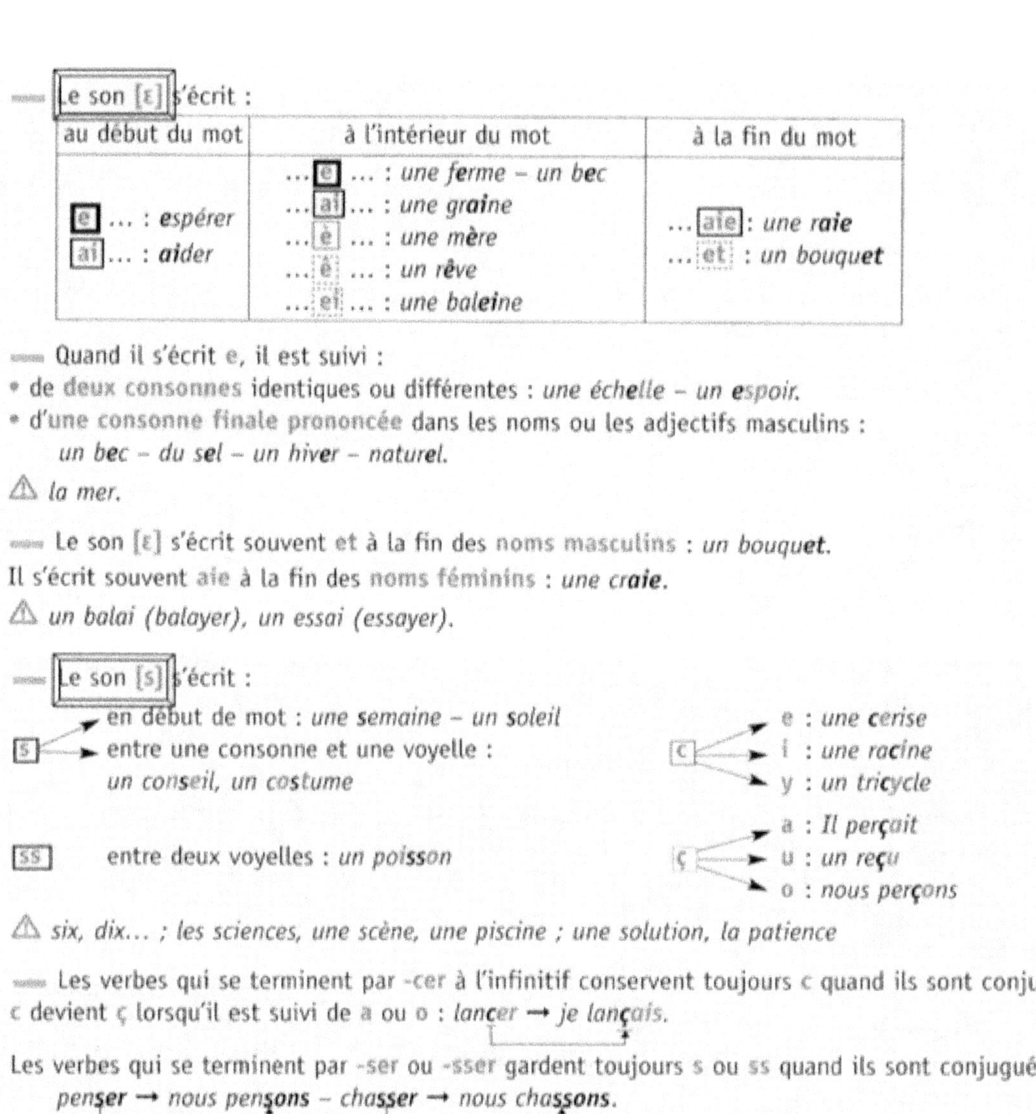

au début du mot	à l'intérieur du mot	à la fin du mot
e ... : *espérer* **ai** ... : *aider*	...**e**... : *une ferme – un bec* ...**ai**... : *une graine* ...**è**... : *une mère* ...**ê**... : *un rêve* ...**ei**... : *une baleine*	...**aie** : *une raie* ...**et** : *un bouquet*

▬ Quand il s'écrit **e**, il est suivi :

• de **deux consonnes** identiques ou différentes : *une échelle – un espoir.*

• d'une **consonne finale prononcée** dans les noms ou les adjectifs masculins :
   un bec – du sel – un hiver – naturel.

⚠ *la mer.*

▬ Le son [ɛ] s'écrit souvent **et** à la fin des noms masculins : *un bouquet.*
Il s'écrit souvent **aie** à la fin des noms féminins : *une craie.*

⚠ *un balai (balayer), un essai (essayer).*

▬ **Le son [s] s'écrit :**

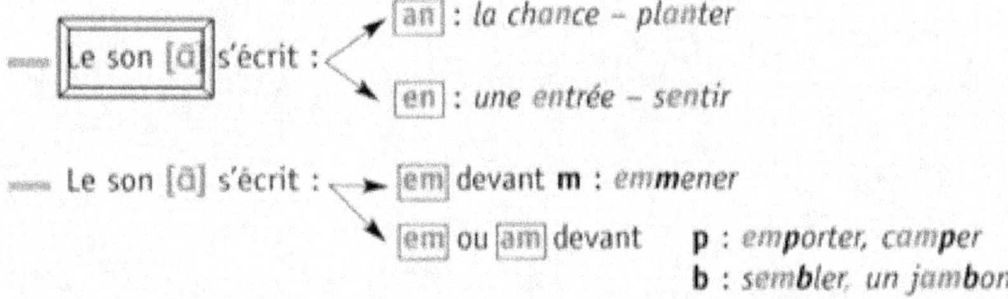

en début de mot : *une semaine – un soleil*

s → entre une consonne et une voyelle :
   un conseil, un costume

c → e : *une cerise*
→ i : *une racine*
→ y : *un tricycle*

ss entre deux voyelles : *un poisson*

ç → a : *Il perçait*
→ u : *un reçu*
→ o : *nous perçons*

⚠ *six, dix... ; les sciences, une scène, une piscine ; une solution, la patience*

▬ Les **verbes** qui se terminent par **-cer** à l'infinitif conservent toujours **c** quand ils sont conjugués ;
c devient **ç** lorsqu'il est suivi de **a** ou **o** : *lancer → je lançais.*

Les **verbes** qui se terminent par **-ser** ou **-sser** gardent toujours **s** ou **ss** quand ils sont conjugués :
   penser → nous pensons – chasser → nous chassons.

▬ Le son [ã] s'écrit : **an** : *la chance – planter*
en : *une entrée – sentir*

▬ Le son [ã] s'écrit : **em** devant **m** : *emmener*
em ou **am** devant   **p** : *emporter, camper*
   b : *sembler, un jambon*

▬ Connaître l'écriture d'un mot d'une **famille** contenant le son [ã] permet de savoir comment s'écrit
le son [ã] des autres mots de cette famille.
   chanter → enchanter, un enchanteur ; vent → un éventail, ventiler.

▬ Les **adverbes** formés à partir d'un adjectif qualificatif féminin se terminent toujours par **-ment** :
   forte → fortement.

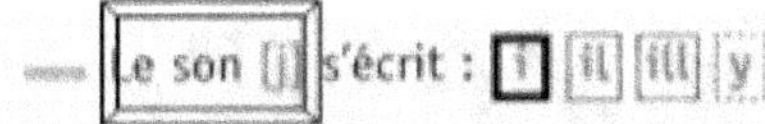 **Le son [j] s'écrit :** i | il | ill | y

Très souvent, le son [j] s'écrit **i** avant une voyelle :
un avion, bien, un triangle, un papier, un lieu.

Plus rarement, le son [j] s'écrit **y**, qui correspond à deux **i**.

un noyau	un crayon	un tuyau
= un noi + iau	= un crai + ion	= un tui + iau

⚠ Le **y** peut se prononcer [i] : *une bicyclette, un stylo, un mystère.*

Le son [j] s'écrit :

-il à la fin des noms masculins	-ille à la fin des noms féminins ou des verbes	-ill- à l'intérieur des mots
-ail : un trav**ail**	-aille : une bat**aille** – il trav**aille**	-aill- : un bat**aill**on
-eil : un sol**eil**	-eille : une corb**eille** – il rév**eille**	-eill- : le rév**eill**on
-euil : un faut**euil**	-euille : une f**euille**	-euill- : le f**euill**age
-ouil : un fen**ouil**	-ouille : la r**ouille** – il m**ouille**	-ouill- : le br**ouill**on

⚠ *un accueil, un recueil, il cueille, la cueillette…*

Le son [ij] s'écrit **ill** ou **ille** : *une f**ille**, un pap**ill**on.*   ⚠ *une ville, un village, mille.*

La lettre x se prononce **[gz] ou [ks].**

on entend [gz]	on entend [ks]
e**x** + voyelle : *un e**x**amen,* *un e**x**emple, e**x**iger, e**x**onérer,* *e**x**ubérant*	e**x** + consonne : *e**x**térieur* a**x**, i**x**, o**x**, u**x** + voyelle : *un ta**x**i,* *une fi**x**ation, un bo**x**eur, le lu**x**e*

⚠ *de l'eczéma.*

On écrit **acc** en début de mot quand il y a un verbe dans la famille de mots :
accélérer → un **acc**élérateur.
• Les lettres **acc** se prononcent [aks] quand elles sont suivies d'un e ou d'un i :
accéder, **acc**identer.
• Elles se prononcent [ak] dans les autres cas : **acc**order, **acc**rocher.

La lettre x ne se prononce pas à la fin de certains mots :
• certains **noms** : *un choix, un prix…*
• certains **noms pluriels** : *des bijoux, des chevaux, des manteaux…*
• certains **verbes** : *je peux, je veux, tu peux, tu veux…*
• certains **adjectifs** : *peureux, courageux…*   ⚠ *dix, six, dixième, sixième…*

Le son [œ] s'écrit eu ou œu : *une fl**eu**r – un fl**eu**ve ; une s**œu**r – un c**œu**r – un **œu**f.*
Il est suivi dans la même syllabe des lettres : l, r, f ou v.
⚠ *un œil, un œillet.*
Les noms masculins et féminins s'écrivent généralement avec -eur à la fin :
un moteur, une odeur.
⚠ *du beurre – une demeure – une heure – un heurt.*

Le son [ø] s'écrit eu ou œu : *le f**eu** – des b**œu**fs.*
Tous les adjectifs qualificatifs terminés par le son [ø] s'écrivent -eux :
il est curieux – il est heureux.

ORTHOGRAPHE GRAMMATICALE (COMMENT S'ACCORDENT LES MOTS)

6. LES MOTS INVARIABLES

Les mots invariables ne changent ni en genre ni en nombre. Ce sont :
- des prépositions : *dans, sous, à, avec…* ;
- des adverbes : *très, toujours, rapidement…* ;
- des conjonctions : *et, mais, ou, quand…*

⚠️ Les noms, les verbes et les adjectifs ne sont jamais des mots invariables, même si certains noms ou adjectifs ne changent pas entre le masculin et le féminin ou entre le singulier et le pluriel :
> *un artiste célèbre* → *une artiste célèbre* ;
> *un tapis doux* → *des tapis doux.*

7. LE GENRE DES NOMS

Un nom est du genre masculin quand il est précédé des déterminants un, le, mon, ce… :
un bureau, **le** cheval, **mon** bagage, **ce** livre.

Un nom est du genre féminin quand il est précédé des déterminants une, la, ma, cette… :
une feuille, **la** table, **ma** robe, **cette** ligne.

Au féminin, les noms qui se terminent par les sons [i], [y], [u], [waʀ] ont un e final que l'on n'entend pas.

masculin	un ti**roir**	un c**ri**	un men**u**	un tr**ou**
féminin	une mém**oire**	une poés**ie**	une stat**ue**	une j**oue**
	⚠️ un laboratoire, un territoire…	⚠️ une souris, une fourmi, une brebis…	⚠️ une tribu, une vertu…	⚠️ une toux

On ajoute généralement un e au nom masculin pour former le nom féminin correspondant, pour les êtres humains et les animaux.
un marié → *une mariée* ; *un lapin* → *une lapine.*

La lettre e n'est pas toujours la marque du féminin. Elle peut servir à faire entendre la consonne qui précède : *une tartine, le silence.*

On ajoute généralement un e au nom masculin pour former le nom féminin, pour les êtres humains et les animaux.

un invité → ***une*** *invitée* ; *un ours* → ***une*** *ourse.*

Il existe de nombreux cas particuliers.

masculin	un boulan**ger**	un gard**ien**	un nag**eur**	un direc**teur**	un sport**if**
féminin	une boulang**ère**	une gard**ienne**	une nag**euse**	une direc**trice**	une sport**ive**

⚠ *un doct**eur*** → *une doctor**esse*** – *un prince* → *une princ**esse**.*

Parfois le nom féminin est très différent du nom masculin : *un frère* → *une sœur.*

Les noms féminins qui se terminent par le son [e] s'écrivent le plus souvent ée :
*une ann**ée**, une fus**ée*** ; *un employé* → *une employ**ée**.*

⚠ *un musée, un lycée, un scarabée...*

Pour les noms qui se terminent par le son [te], on écrit généralement té : *la bon**té**, la véri**té**.*

⚠ *une dictée, la montée, la jetée, la portée, la pâtée*
et tous les noms qui indiquent une quantité : une pelletée, une potée...

Pour les noms qui se terminent par le son [tje] :
• Au féminin, on écrit -tié : ***une*** *ami**tié**,* ***une*** *moi**tié**...*
• Au masculin, on écrit -tier : ***un*** *boî**tier**,* ***un*** *charcu**tier**,* ***un*** *po**tier**...*

8. LE PLURIEL DES NOMS

Cas général : on ajoute un s au nom singulier pour le mettre au pluriel.
un *jardin* → ***des*** *jardin**s*** ; ***le*** *gant* → ***les*** *gant**s**.*

Cas particuliers :

singulier	**un cheveu**	**un drapeau**	**un noyau**
pluriel	**des cheveux**	**des drapeaux**	**des noyaux**

⚠ des pneus, des bleus   ⚠ des landaus

Pour les noms terminés par s, x ou z au singulier, il n'y a pas de changement au pluriel :
*un our**s*** → *des our**s*** ; *un repa**s*** → *des repa**s*** ; *un choi**x*** → *des choi**x*** ; *un ne**z*** → *des ne**z***

La lettre s à la fin des mots n'est pas toujours la marque du pluriel :
tu *mange**s*** (verbe à la 1ʳᵉ personne du singulier) – *dans* (mot invariable) – *un repas* (nom au singulier).

Cas général :

singulier	un clou	un détail	un général
pluriel	des clou**s**	des détail**s**	des génér**aux**

⚠ *des bijoux, des cailloux, des choux, des genoux, des hiboux, des joujoux, des poux.*

⚠ *des coraux, des travaux, des vitraux, des émaux, des baux, des ventaux, des soupiraux.*

⚠ *des bals, des festivals, des carnavals, des régals, des récitals, des chacals, des cals.*

La lettre x à la fin des mots n'est pas toujours la marque du pluriel :
*je veu**x*** (verbe à la 1ʳᵉ personne du singulier) ; *un homme heureu**x*** (adjectif au singulier) ;
*un pri**x*** (nom au singulier).

9. LE FÉMININ DES ADJECTIFS QUALIFICATIFS

▰▰▰ L'adjectif qualificatif est au féminin quand le groupe nominal est au féminin.

▰▰▰ Dans le cas général, on ajoute un e à l'adjectif qualificatif masculin pour former le féminin.
• Ce e peut être entendu : *un petit chat gris ; une petite chatte grise.*
• Ce e peut être muet : *un joli pantalon noir ; une jolie robe noire.*

⚠ Les adjectifs qualificatifs qui se terminent par un e au masculin ne changent pas au féminin :
*un mur **solide** ; une table **solide**.*

▰▰▰ Il existe de nombreux cas particuliers :

masculin	heur**eux**	premier	libérat**eur**	act**if**	bon	cruel
féminin	heur**euse**	premi**ère**	libérat**rice**	act**ive**	b**onne**	cru**elle**

⚠ *vieux – vieille.*

10. LE PLURIEL DES ADJECTIFS QUALIFICATIFS

▰▰▰ L'adjectif qualificatif est au pluriel quand le groupe nominal est au pluriel.

▰▰▰ Dans le cas général, on ajoute un s à l'adjectif qualificatif au pluriel :
un grand jardin → ***des** grands jardins ; une règle plate* → ***des** règles plates.*

▰▰▰ Quelques cas particuliers :

singulier	un b**eau** pull	un livre origin**al**
pluriel	des b**eaux** pulls	des livres origin**aux**

⚠ *un événement **banal*** → *des événements **banals** ; un banc **bancal*** → *des bancs **bancals**...*

▰▰▰ Les adjectifs qualificatifs qui se terminent par un s ou un x au singulier ne changent pas au pluriel :
gros – bas – vieux – peureux...

11. LES ADJECTIFS QUALIFICATIFS DE COULEUR ET NUMÉRAUX

➤ L'adjectif qualificatif de couleur s'accorde le plus souvent en genre et en nombre avec le nom qu'il qualifie : *une nappe bleue*, *des nappes bleues*.

➤ Si l'adjectif qualificatif de couleur renvoie à un nom (fruit, fleur...), il est invariable : *un gilet orange* → *des gilets orange.*
⚠ Pour *rose, mauve, fauve*, il y a accord : *des fleurs roses.*

➤ L'adjectif de couleur composé ne s'accorde pas : *des robes bleu marine.*

➤ Les adjectifs numéraux sont le plus souvent invariables :
les quatre saisons, les deux mille trois cent dix-sept pages.
⚠ vingt et cent prennent un s quand ils sont multipliés et qu'ils ne sont pas suivis d'un autre nombre : *quatre-vingts ans* mais *quatre-vingt-deux ans* ;
deux cents pages mais *deux cent dix pages.*
⚠ millier, million, milliard sont des noms et prennent un s au pluriel (mille reste invariable) : *des milliards d'individus.*

12. LE PLURIEL DES NOMS COMPOSÉS

La marque du pluriel d'un nom composé dépend de la nature des mots qui le compose.

➤ un nom + un nom → nom au pluriel + nom au pluriel
un oiseau-mouche   *des oiseaux-mouches*

➤ un adjectif + un nom → adjectif au pluriel + nom au pluriel
un grand-père   *des grands-pères*

➤ un verbe + un nom → verbe au singulier + nom au pluriel
un porte-bouteille   *des porte-bouteilles*

➤ un nom + une préposition + un nom → premier nom au pluriel
un arc-en-ciel   *des arcs-en-ciel*

Vocabulaire: Autour du sens

1. LE DICTIONNAIRE

Dans le dictionnaire, les mots sont classés par ordre alphabétique.
• Pour trouver un mot, il faut le chercher à partir de sa première lettre, que l'on appelle la lettre initiale : **guêpe** *se trouve à la lettre g.*

• Il faut ensuite chercher la deuxième lettre du mot : pour trouver le mot *guêpe*, il faut chercher parmi les mots qui commencent par *gu*...

Certains dictionnaires fournissent des informations qui permettent de connaître la prononciation des mots. Ces informations sont indiquées à l'aide de signes phonétiques entre crochets [ ] : *aquarium [akwarium].*

Dans le dictionnaire, on trouve des abréviations qui renseignent sur la nature du mot :
art. (article) – *n. m.* (nom masculin) – *n. f.* (nom féminin) – *pron.* (pronom) –
v. (verbe) – *v. t.* (verbe transitif) – *adj.* (adjectif) – *adv.* (adverbe) –
prép. (préposition) – *conj.* (conjonction).

Dans le dictionnaire, la définition du mot est souvent illustrée par un exemple.
L'exemple est un **cas particulier** qui aide à mieux comprendre la définition générale.
Canidé : *famille de mammifères carnivores digitigrades au museau allongé.*
Exemple → Le chien et le loup sont des canidés.

2. LE SENS DES MOTS

Certains mots ont plusieurs sens, qui varient selon la phrase dans laquelle ils sont employés. Le **contexte**, c'est-à-dire les autres mots de la phrase, permet de trouver le sens dans lequel le mot est employé.
Cet homme a une voix **grave**. *– Mon voisin est atteint d'une maladie* **grave**. *–*
Le mot élève s'écrit avec un accent aigu et un accent **grave**.

3. SENS PROPRE ET SENS FIGURÉ

▬ Le sens propre correspond au sens le plus simple et le plus courant d'un mot. C'est celui auquel on pense immédiatement lorsqu'on prononce ou qu'on lit ce mot. *Julia s'est blessée au* **pied**. Le mot *pied* est employé au sens propre : il désigne la partie du corps située au-dessous de la jambe et qui supporte le corps.

▬ Le sens figuré d'un mot correspond à son sens imagé. Il est utilisé parce que ce qu'il désigne fait penser au sens propre du mot. *Les* **pieds** *de cette chaise sont en bois.* Le mot *pied*, utilisé au sens figuré, désigne ici la partie située au-dessous de la chaise et qui lui sert de support.

▬ L'emploi du sens figuré peut être drôle : *J'ai pris mes jambes à mon cou.* Cette expression, amusante si on imagine la scène (si on la prend au sens propre), signifie que l'on se met à courir très vite pour fuir quelqu'un ou quelque chose.

4. LES NIVEAUX DE LANGUE

▬ Lorsque l'on parle, on doit adapter son niveau de langue à son interlocuteur.

▬ Il existe trois registres de langue :

1. Le registre familier est utilisé en famille ou entre amis.
Mon grand-père a une super **baraque**.

2. Le registre courant est utilisé avec des personnes inconnues ou peu familières.
Mon grand-père a une belle **maison**.

3. Le registre soutenu est utilisé avec des personnes importantes avec lesquelles on doit être particulièrement respectueux, en raison, par exemple, de leur fonction, et dans les textes littéraires.
Mon grand-père a une superbe **demeure**.

5. LES SYNONYMES

▬ Les synonymes sont des mots qui ont le même sens ou un sens proche et qui ont la même nature grammaticale. Ces mots peuvent être :
– des **noms** : *jeu / amusement* ; des **adjectifs** : *gai / joyeux* ;
– des **verbes** : *aimer / apprécier* ; des **adverbes** : *calmement / paisiblement*.

▬ Les synonymes peuvent varier selon le contexte.
La mer est **pleine**. → *La mer est* **haute**.
La bouteille d'eau est **pleine**. → *La bouteille d'eau est* **remplie**.

▬ L'emploi des synonymes dépend du registre de langue utilisé en fonction de la situation. Ce registre peut être courant *(voler)*, soutenu *(dérober, subtiliser)* ou familier *(piquer)*.

6. LES ANTONYMES

Les **antonymes** sont des mots de **même nature** grammaticale dont les **sens** s'opposent.
On les appelle aussi des **contraires**. Ils peuvent être des noms : *nain / géant* ; des adjectifs : *propre / sale* ; des verbes : *aimer / détester* ; des adverbes : *lentement / rapidement*.

Certains antonymes sont formés à l'aide de **préfixes** (in, im, il, dé, mal, a) :
*stable / **in**stable – mobile / **im**mobile – légal / **il**légal – faire / **dé**faire – aisé / **mal**aisé.*

Un mot peut avoir **plusieurs** sens et un **antonyme différent** pour chaque sens.
*Le chanteur a une voix **forte**.* → *La chanteuse a une **petite** voix.*
*Sophie est **forte** en mathématiques.* → *Basile est **faible** en mathématiques.*

7. LES HOMONYMES

Les **homonymes** sont des mots qui se **prononcent** de la **même façon**, mais dont le sens est différent.
Exemple : *bon / bond*.

Certains **homonymes** s'écrivent de la **même façon**, d'autres non.
*Je regarde **la** télévision. **La** est une note de musique.*
*C'est un **don** généreux. C'est le film **dont** je t'ai parlé.*

Les **homonymes** n'ont **pas toujours** la **même nature** grammaticale.
Exemple : *une **part** (nom), je **pars** (verbe), **par** (préposition).*

8. LE CHAMP LEXICAL

Un **champ lexical** regroupe des mots qui évoquent un **même thème**.
Les mots *le **cahier** – **écrire** – le **maître*** appartiennent au **champ lexical** de l'**école**.

Plusieurs mots d'un **champ lexical** peuvent appartenir à la **même famille**.
***nourri**r – **nourri**ture – fruit – légume – cuisinière – recette – viande – plat.*

Un **champ lexical** est composé essentiellement de **noms**, de **verbes** et d'**adjectifs qualificatifs**. Le **champ lexical** de la **Nature** contient : des noms : *arbre – plante* ; des verbes : *pousser – pleuvoir* ; des adjectifs qualificatifs : *vert – mûr*.

9. LES PRÉFIXES

▪ Le **préfixe** se place **au début** du mot. C'est pour cette raison qu'on le nomme **pré**fixe (**pré** signifie : *avant*). Il sert à former un nouveau mot : un **mot dérivé**.
Dans le verbe **pré**voir, **pré-** est un préfixe.

▪ Le **préfixe** a un **sens** qui s'applique au mot qu'il compose.

Sens du préfixe	Exemples
Contraire : *in-* ; *im-* ; *-il* ; *ir-* ; *anti-* ; *dé-* ; *mal-*.	***in**tolérable* ; ***im**mobile* ; ***il**lettré* ; ***ir**réel* ; ***anti**gel* ; ***dé**faire* ; ***mal**adroit*.
Nombre : *bi-* ; *tri-* ; *déca-* ; *déci-* ; *multi-* ; *poly-*.	***bi**cyclette* ; ***tri**cycle* ; ***déca**mètre* ; ***déci**mètre* ; ***multi**ple* ; ***poly**gone*.
Lieu et mouvement : *trans-* ; *ex-* ; *im-*.	***trans**porter* ; ***ex**porter* ; ***im**migrant*.

▪ Le **préfixe ne modifie pas la nature** du mot qu'il sert à former : <u>*dire*</u> → <u>*prédire*</u>.
                                                                verbe   verbe

10. LES SUFFIXES

▪ Le **suffixe** se place **à la fin** du mot. C'est pour cette raison qu'on le nomme suffixe. Il sert à former un **mot dérivé**.
Dans le nom *bon**té**, **-té** est un suffixe.

▪ Il existe de nombreux suffixes, comme : ***-tion, -ation, -iste, -ment, -té, -age, -al, -el***…

▪ Les suffixes peuvent indiquer le **genre** des noms :
*un vend**eur**, une vend**euse**, un direc**teur**, une direc**trice**.*

▪ Les suffixes **changent** souvent la **nature** du mot :
*gentil (adjectif), gentill**esse** (nom), genti**ment** (adverbe).*

⚠ Parfois, ils ne la changent pas : *cendre et cend**rier** sont des noms.*

VOCABULAIRE : AUTOUR DE LA FORMATION DES MOTS

11. L'ORIGINE DES MOTS

▭ En français, certains mots ont des parties communes qui ont la même signification. Ces parties de mots proviennent de langues anciennes et sont appelées les racines des mots.
Exemple : **ortho**graphe et **ortho**phoniste contiennent la racine **ortho** qui signifie : droit, correct.
Un grand nombre de mots de la langue française viennent du latin et du grec.

▭ Certains mots sont constitués de racines latines :
carni/vore (viande/manger) ; **somn/ambule** (sommeil/marcher).
Quelques mots latins sont utilisés en français, comme ils l'étaient dans la langue des Romains : vice versa (inversement) – in extremis (au dernier moment) – a contrario (à l'inverse).

▭ Certains mots sont constitués de racines grecques. Ils servent souvent à fabriquer des termes scientifiques :
ortho/gonal (droit/angle) ; **thermo/mètre** (chaleur/mesure).

⚠ Certains mots sont constitués à la fois de racines latines et de racines grecques :
aquario/phile (eau/aimer).

12. LES EMPRUNTS DU FRANÇAIS

▭ Certains mots de la langue française sont empruntés à d'autres langues que le français. Ils sont liés à l'histoire et au contact avec d'autres civilisations.
Par exemple : le mot **pharaon** vient de l'égyptien où il désigne un souverain.

▭ Ces mots empruntés concernent, par exemple, les domaines :
– des vêtements : un **tee-shirt** est un mot **anglais** (c'est en Angleterre qu'il a été créé) ;
– de la nourriture : le **yaourt** est un mot **bulgare** (le yaourt a d'abord été fabriqué en Bulgarie) ;
– du sport : le **hand-ball** est un sport originaire d'**Allemagne**. C'est pourquoi on prononce [a] le a de **ball**. En revanche, le a de **basket-ball** et de **football** se prononce [o] parce que ces sports sont d'origine anglaise.

▭ Les emprunts concernent aussi des inventions technologiques : un **mail** est un mot **anglais** qui désigne un courrier électronique. Le mot français correspondant est **courriel**.

Conjuguaison: L'identification du verbe

1. LE PASSÉ, LE PRÉSENT, LE FUTUR

— Le verbe conjugué permet de situer les actions dans le temps.
*La voiture **a ralenti**. Elle **s'arrête** au feu rouge. Elle **redémarrera** au feu vert.*
passé   présent   futur

— Dans une phrase, les indicateurs de temps permettent aussi de savoir si les actions se déroulent dans le passé, dans le présent ou dans le futur. Les indicateurs de temps sont des mots comme : *hier, avant, maintenant, tout de suite, plus tard…*
***Hier**, j'ai appris ma poésie. **Ce matin**, je la relis. **Tout à l'heure**, je la réciterai devant mes camarades.*

2. LES PERSONNES DE LA CONJUGAISON

— Le pronom personnel remplace le nom. Il permet de désigner, sans la nommer, la personne qui parle, la personne à qui l'on parle ou la personne (ou la chose) dont on parle.

Personne désignée	Pronom personnel
celui ou celle qui parle	je (1re personne du singulier)
ceux ou celles qui parlent	nous (1re personne du pluriel)
celui ou celle à qui l'on parle	tu (2e personne du singulier)
ceux ou celles à qui l'on parle	vous (2e personne du pluriel)
celui, celle ou ce dont on parle	il, elle (3e personne du singulier)
ceux, celles ou les choses dont on parle	ils, elles (3e personne du pluriel)

⚠ **Vous** peut désigner aussi la 2e personne du singulier, lorsque l'on s'adresse à une personne que l'on connaît peu.

— On, pronom de la 3e personne du singulier, peut parfois être employé à la place de **nous**.
***On** va à la piscine cet après-midi.*

3. LE VERBE CHANGE AVEC LE TEMPS ET LA PERSONNE

— Le verbe change suivant le temps auquel il est conjugué :
il court (présent) → *il a couru* (passé composé) → *il courait* (imparfait) → *il courra* (futur).

— Le verbe change suivant la personne à laquelle il est conjugué :
je chante → **vous** *chant**ez*** ; *il parl**ait*** → **nous** *parl**ions*** ; *tu jouer**as*** → *ils jouer**ont***.

— Le verbe se compose d'un radical et d'une terminaison :
Je descend s *, nous descend* ons *, tu descend* ais *, il descend* ra *.*
radical — radical — radical — radical

4. L'INFINITIF DU VERBE ET LES TROIS GROUPES

— Pour nommer un verbe, on utilise son infinitif. Dans le dictionnaire, les verbes sont écrits à l'infinitif.

— Les verbes sont classés en trois groupes selon la terminaison de leur infinitif :
• les verbes du 1er groupe ont leur infinitif qui se termine par -er : *parler, chanter, jouer…* ;
• les verbes du 2e groupe ont leur infinitif qui se termine par -ir. Leur radical se termine par -iss à certaines personnes du présent ou de l'imparfait : *finir* → *nous finissons* ;
• tous les autres verbes sont des verbes du 3e groupe :
partir, boire, dire, faire, pouvoir, prendre, rendre, savoir, venir, voir, vouloir…
⚠ Le verbe **aller** est un verbe du 3e groupe.

— Les verbes **être** et **avoir** sont employés comme auxiliaires dans les temps composés. Ils n'appartiennent à aucun groupe.

5. LES MODES ET LES TEMPS

— Le mode indicatif comporte plusieurs temps qui situent ce qui se passe dans le **passé**, le **présent** et le **futur** :
– des temps simples : le présent, *il écrit* ; l'imparfait, *il écrivait* ; le passé simple, *il écrivit* ; le futur, *il écrira*.
– des temps composés : le passé composé, *il a écrit* ; le plus-que-parfait, *il avait écrit* ; …

— Le mode impératif est employé au présent pour donner des ordres, des interdictions, des conseils. Il ne comporte que trois personnes : *écris, écrivons, écrivez*.

— Le mode infinitif est employé :
– après un verbe conjugué : *il aime écrire*.
– après les prépositions à, pour, de… : *il s'entraîne à écrire, avant d'écrire, pour écrire*.
– pour donner des consignes, des conseils : *écrire lisiblement*.
L'infinitif est invariable.

Il existe deux autres modes : le conditionnel et le subjonctif

CONJUGUAISON: L'INDICATIF

6. LE PRÉSENT DE L'INDICATIF – USAGE

Le présent de l'indicatif est utilisé pour :

▬ Exprimer un fait qui se passe au moment où il est raconté.
*Nous **prenons** le petit train et nous **montons** à la mer de Glace.*

▬ Énoncer, dans un dialogue, ce que fait le personnage d'un récit au moment où il parle.
*Thomas a demandé : « Vous **prenez** le bus avec moi ? »*

▬ Exprimer des faits qui restent tout le temps vrais ou des faits habituels, répétitifs.
*La Loire **prend** sa source au mont Gerbier-de-Jonc.*
*Le matin, elle **déjeune** vers 8 heures.*

7. LE PRÉSENT DE L'INDICATIF – VERBES DU 1ER GROUPE

▬ Au présent de l'indicatif, les terminaisons des verbes du 1er groupe sont :

Personnes du singulier	Personnes du pluriel
je …e	nous …ons
tu …es	vous …ez
il/elle/on …e	ils/elles …ent

⚠ Les terminaisons ne s'entendent pas toujours à l'oral ; il ne faut pas les oublier à l'écrit.

▬ La plupart des verbes du 1er groupe ont le même radical à toutes les personnes.
*chan**ter** → il **chante** → nous **chant**ons.*

▬ Certains verbes ont une particularité :
• dans les verbes en -cer, le c prend une cédille devant -ons : *nous fonçons.*
• dans les verbes en -ger, il y a un e entre g et -ons : *nous plongeons.*
⚠ dans les verbes en -guer, le u du radical reste devant -ons : *nous distinguons.*

▬ Certains verbes ont deux radicaux comme : **céd**er : *tu **cèdes**, vous **céd**erez* ;
acheter : *j'**achète**, nous **achet**ons* ; **chancel**er : *elle **chancèle**, vous **chancel**ez.*
⚠ **appel**er (et ses dérivés) : *j'**appelle**, nous **appel**ons.*
jeter (et ses dérivés) : *je **jette**, nous **jet**ons.*
envoyer : *j'**envoie**, nous **envoy**ons* ; **essuy**er : *tu **essuies**, vous **essuy**ez.*
payer : *il **paye** ou il **paie**, nous **pay**ons.*

8. LE PRÉSENT DE L'INDICATIF – VERBES DES 2ÈME ET 3ÈME GROUPES

Au présent de l'indicatif, les terminaisons des verbes du 2ᵉ groupe et de la plupart des verbes du 3ᵉ groupe sont :

Personnes du singulier	Personnes du pluriel
je ...s	nous ...ons
tu ...s	vous ...ez
il/elle/on ...t	ils/elles ...ent

⚠ Les terminaisons ne s'entendent pas toujours à l'oral, il ne faut pas les oublier à l'écrit.

Les verbes du 2ᵉ groupe n'ont pas le même radical à toutes les personnes :
• personnes du singulier : *je choisis, tu choisis, il choisit.*
• personnes du pluriel : *nous choisissons, vous choisissez, ils choisissent.*
• La plupart des verbes du 3ᵉ groupe ont un radical qui varie selon la personne.

Certains verbes du 3ᵉ groupe ainsi que les verbes être et avoir ont une conjugaison particulière.

9. LE FUTUR DE L'INDICATIF – USAGE ET CONJUGAISON

Le futur de l'indicatif exprime un fait qui se déroulera plus tard.
En septembre prochain, Léo changera de classe.

Au futur, le radical des verbes est le même à toutes les personnes. Les terminaisons sont les mêmes pour tous les verbes.

Personnes du singulier	Personnes du pluriel
je ...rai	nous ...rons
tu ...ras	vous ...rez
il/elle/on ...ra	ils/elles ...ront

⚠ Certaines terminaisons se prononcent de la même façon à l'oral mais ne s'écrivent pas de la même façon : ***tu** chanteras / **il** chantera ; **nous** chanterons / **ils** chanteront.*

⚠ Le radical des verbes du 1ᵉʳ groupe se termine par un e qui ne se prononce pas toujours mais qu'il ne faut pas oublier : *je crierai, tu remercieras, il/elle/on sautera...*

10. LE FUTUR ANTÉRIEUR DE L'INDICATIF – USAGE ET CONJUGAISON

Le futur antérieur exprime une action qui aura lieu avant l'action indiquée au futur.
*Quand il **aura lavé** la voiture, il **emmènera** Tom au judo.*
1re action : futur antérieur   2e action : futur simple

Le futur antérieur est un temps composé. Il se forme avec l'auxiliaire *avoir* ou *être* au futur et le participe passé du verbe conjugué : *ils **auront** vu – elles **auront** vu – il **sera** reparti – elle **sera** repartie.*

⚠ Quand le futur antérieur est formé avec l'auxiliaire **être**, le **participe passé s'accorde** avec le **sujet**.

11. L'IMPARFAIT DE L'INDICATIF – USAGE ET CONJUGAISON

L'imparfait exprime des faits passés. Il permet d'expliquer des habitudes et de décrire des lieux, des personnages.

À l'imparfait, le radical du verbe est le même à toutes les personnes. Les terminaisons sont les mêmes pour tous les verbes.

Personnes du singulier	Personnes du pluriel
je ...ais	nous ...ions
tu ...ais	vous ...iez
il/elle/on ...ait	ils/elles ...aient

Certains verbes du 1er groupe ont une particularité : verbe en -cer : *je lançais* ; verbes en -ger : *tu plongeais* ; verbes en -guer : *il distinguait*.

Les verbes du 2e groupe ont leur radical en -iss : *tu agissais*.

⚠ Le radical du verbe **faire** ne s'écrit pas comme il se prononce : *il faisait* [fəzɛ].

12. LE PLUS-QUE-PARFAIT DE L'INDICATIF – USAGE ET CONJUGAISON

▬▬ Le plus-que-parfait est un **temps du passé**. Il s'emploie avec l'imparfait et le passé simple ou avec l'imparfait et le passé composé pour marquer des **actions plus anciennes** que celles qui sont exprimées à l'imparfait, au passé simple ou au passé composé.

▬▬ Comme le passé composé, le plus-que-parfait est un **temps composé**. Il se forme avec l'auxiliaire *avoir* ou *être* à l'imparfait et le **participe passé** du verbe conjugué : *j'**avais emporté** mon matériel, il **était sorti**.*

▬▬ Quand le plus-que-parfait est formé avec l'auxiliaire *être*, le participe passé s'accorde avec le **sujet** : *il était mont**é** ; **elle** s'était avanc**ée** ; **ils** étaient descendu**s** ; **elles** étaient entr**ées**.*

13. LE PASSÉ SIMPLE DE L'INDICATIF – VERBES DU 1ER GROUPE ET ALLER

▬▬ Comme le passé composé, le passé simple présente des actions passées. Il s'emploie en général avec l'imparfait.

▬▬ Au passé simple, les terminaisons des verbes du 1er groupe et du verbe aller sont :

Personnes du singulier	Personnes du pluriel
je ...ai	nous ...âmes
tu ...as	vous ...âtes
il/elle/on ...a	ils/elles ...èrent

⚠ Certaines terminaisons se prononcent de la même façon à l'oral mais ne s'écrivent pas de la même façon : *tu chantas / il chanta*.
⚠ Il ne faut pas confondre le passé simple *je chantai* et l'imparfait *je chantais*.

▬▬ La plupart des verbes du 1er groupe et le verbe **aller** (3e groupe) ont le même radical à toutes les personnes.

▬▬ Certains verbes du 1er groupe ont une particularité.
• Dans les verbes terminés en -guer, le u du radical reste devant les terminaisons : *il distingua*.
• Il ne faut pas oublier la cédille dans les verbes en -cer : *je lançai*.
• Il ne faut pas oublier le e dans les verbes en -ger : *tu mangeas*.

14. LE PASSÉ SIMPLE DE L'INDICATIF – VERBES DES 2ÈME ET 3ÈME GROUPES

Au passé simple, les verbes du 2e et du 3e groupe, ainsi que les auxiliaires être et avoir, ont les mêmes terminaisons :

Personnes du singulier	Personnes du pluriel
je ...s	nous ...mes
tu ...s	vous ...tes
il/elle/on ...t	ils/elles ...rent

⚠ Les terminaisons des trois personnes du singulier se prononcent de la même façon à l'oral mais ne s'écrivent pas de la même façon : *je finis, tu finis, il finit*.

⚠ Aux 1re et 2e personnes du pluriel, il ne faut pas oublier l'accent circonflexe : *nous eûmes*.

La conjugaison des verbes du 2e groupe et des verbes dire et rire est la même aux trois premières personnes du singulier du passé simple et du présent de l'indicatif :

je finis, tu finis, il finit ; je dis, tu dis, il dit.

⚠ Il ne faut pas confondre : *vous dites* (présent) et *vous dîtes* (passé simple).

15. LE PASSÉ COMPOSÉ DE L'INDICATIF – VERBES DU 1ER GROUPE, ÊTRE ET ALLER

Dans un texte, le passé composé présente des actions passées. Il s'emploie en général avec l'imparfait.

Le passé composé des verbes du 1er groupe, du verbe être et du verbe aller est formé de l'auxiliaire avoir ou être au présent et du participe passé en -é du verbe conjugué :

Il **a** pleuré, il **est** tombé, il **est** allé, il **a été** malade.

Quand le passé composé est formé avec l'auxiliaire être, le participe passé s'accorde avec le sujet. Il faut alors chercher le genre et le nombre du sujet :

je (Tom) **suis** tombé, *je (Léa)* **suis** tombée, *ils* **sont** tombés, *elles* **sont** tombées.

Quand le passé composé est conjugué avec l'auxiliaire avoir, le participe passé ne s'accorde pas avec le sujet : *ils* **ont** mangé.

16. LE PASSÉ COMPOSÉ DE L'INDICATIF - VERBES DES 2ÈME ET 3ÈME GROUPES

▬ Au passé composé, les verbes du 2e et du 3e groupe ont des participes passés qui se terminent de façons différentes.

Verbes du 2e groupe : participe passé en -i	Verbes du 3e groupe : participe passé en -i, -u, -t, -is ou -it
il a grandi ; *nous avons réfléchi*	*il a menti ; il a suivi ; il a voulu ; il a fait ; il a ouvert ;* *il a pris ; il a mis ; il a dit ; il a écrit*

▬ Quand le passé composé d'un verbe est conjugué avec l'auxiliaire **être**, le participe passé s'accorde avec le sujet : *elle est venue.*

▬ Le verbe avoir a son participe passé en -u.
J'ai eu.

CONJUGUAISON:L'IMPÉRATIF

17. LE PRÉSENT DE L'IMPÉRATIF

▬ Le présent de l'impératif sert à dire des **ordres**, des **conseils** ou des **interdictions**. Le mode impératif n'a que **trois personnes** : 2e pers. du singulier, 1re pers. du pluriel, 2e pers. du pluriel. Le **sujet n'est pas exprimé**.

▬ Les verbes du 1er groupe et certains verbes du 3e groupe (*cueillir, offrir, ouvrir, couvrir...*) se conjuguent au **présent de l'impératif** comme au **présent de l'indicatif** *sauf* à la 2e personne du singulier où ils ne prennent pas de -s : *observe, observons, observez.*

▬ Les autres verbes du 2e et du 3e groupe se conjuguent au **présent de l'impératif** comme au **présent de l'indicatif** : *choisis, choisissons, choisissez ; viens, venons, venez...*
⚠ **être** : *sois – soyons – soyez* ; **avoir** : *aie – ayons – ayez* ; **aller** : *va – allons – allez.*

CONJUGUAISON: LE CONDITIONNEL

18. LE PRÉSENT DU CONDITIONNEL

➤ Le **mode conditionnel** est utilisé dans une phrase après un verbe à l'imparfait qui exprime une **condition** : *Si nous avions une tente, nous **ferions** du camping.*

➤ Il est aussi utilisé pour exprimer un **ordre**, une **demande**, un **conseil** de façon atténuée, polie : *Pourrait-on venir avec toi ?*

➤ Pour former le **présent du conditionnel** de **tous les verbes**, on ajoute au radical du verbe (celui du futur de l'indicatif), le *-r-* du futur + les terminaisons de l'imparfait : ***rais, rais, rait, rions, riez, raient.***
j'aurais, tu serais, il/elle/on irait, nous marcherions, vous finiriez, ils/elles viendraient.
⚠ Il ne faut pas confondre le présent du conditionnel (***je partirais**, **je chanterais***) avec le futur de l'indicatif (***je partirai**, **je chanterai***).
⚠ Pour les verbes du 1er groupe, ne pas oublier le *-e-* à la fin du radical : *je jouerais.*

CONJUGUAISON: LE SUBJONCTIF

19. LE PRÉSENT DU SUBJONCTIF

➤ Le **mode subjonctif** est utilisé après des verbes exprimant une **volonté** ou un **souhait** : *vouloir que..., souhaiter que..., il faut que... : Il souhaite que vous passiez en 6e.*

➤ Au **présent du subjonctif**, les **terminaisons** des verbes des **trois groupes** sont les mêmes : **e, es, e, ions, iez, ent.**

➤ Le radical des verbes du 1er **groupe** est le même qu'au présent de l'indicatif :
Il faut que je mange.

➤ Le radical des verbes du 2e **groupe** reste le même à chaque personne :
Il faut que j'agisse, que tu agisses.

➤ Le radical des verbes du 3e **groupe** change parfois suivant la personne : *que je vienne, que nous venions ; que j'aille, que nous allions ; que je voie, que nous voyions.*

⚠ ***avoir*** : *que j'aie, que tu aies, qu'il ait, que nous ayons, que vous ayez, qu'ils aient.*
être : *que je sois, que tu sois, qu'il soit, que nous soyons, que vous soyez, qu'ils soient.*
Pour le verbe *avoir*, si tu hésites entre le présent de l'indicatif *j'ai* et le présent du subjonctif *j'aie*, tu peux vérifier le mode à employer en utilisant le verbe *aller*.

| Infinitif | Impératif | Indicatif | | | |
	Présent	Présent	Futur	Imparfait	Passé simple
avoir Participe présent ayant	aie ayons ayez	j'ai tu as il, elle a nous avons vous avez ils, elles ont	j'aurai tu auras il, elle aura nous aurons vous aurez ils, elles auront	j'avais tu avais il, elle avait nous avions vous aviez ils, elles avaient	j'eus tu eus il, elle eut nous eûmes vous eûtes ils, elles eurent
être Participe présent étant	sois soyons soyez	je suis tu es il, elle est nous sommes vous êtes ils, elles sont	je serai tu seras il, elle sera nous serons vous serez ils, elles seront	j'étais tu étais il, elle était nous étions vous étiez ils, elles étaient	je fus tu fus il, elle fut nous fûmes vous fûtes ils, elles furent
trouver verbes du 1er groupe trouvant	trouve trouvons trouvez	je trouve tu trouves il, elle trouve nous trouvons vous trouvez ils, elles trouvent	je trouverai tu trouveras il, elle trouvera nous trouverons vous trouverez ils, elles trouveront	je trouvais tu trouvais il, elle trouvait nous trouvions vous trouviez ils, elles trouvaient	je trouvai tu trouvas il, elle trouva nous trouvâmes vous trouvâtes ils, elles trouvèrent
acheter geler, lever mener... achetant	achète achetons achetez	j'achète tu achètes il, elle achète nous achetons vous achetez ils, elles achètent	j'achèterai tu achèteras il, elle achètera nous achèterons vous achèterez ils, elles achèteront	j'achetais tu achetais il, elle achetait nous achetions vous achetiez ils, elles achetaient	j'achetai tu achetas il, elle acheta nous achetâmes vous achetâtes ils, elles achetèrent
jeter jetant	jette jetons jetez	je jette tu jettes il, elle jette nous jetons vous jetez ils, elles jettent	je jetterai tu jetteras il, elle jettera nous jetterons vous jetterez ils, elles jetteront	je jetais tu jetais il, elle jetait nous jetions vous jetiez ils, elles jetaient	je jetai tu jetas il, elle jeta nous jetâmes vous jetâtes ils, elles jetèrent
appeler appelant	appelle appelons appelez	j'appelle tu appelles il, elle appelle nous appelons vous appelez ils, elles appellent	j'appellerai tu appelleras il, elle appellera nous appellerons vous appellerez ils, elles appelleront	j'appelais tu appelais il, elle appelait nous appelions vous appeliez ils, elles appelaient	j'appelai tu appelas il, elle appela nous appelâmes vous appelâtes ils, elles appelèrent
envoyer envoyant	envoie envoyons envoyez	j'envoie tu envoies il, elle envoie nous envoyons vous envoyez ils, elles envoient	j'enverrai tu enverras il, elle enverra nous enverrons vous enverrez ils, elles enverront	j'envoyais tu envoyais il, elle envoyait nous envoyions vous envoyiez ils, elles envoyaient	j'envoyai tu envoyas il, elle envoya nous envoyâmes vous envoyâtes ils, elles envoyèrent
payer rayer essayer payant	paie, paye payons payez	je paie, paye tu paies, payes il, elle paie, paye nous payons vous payez ils, elles paient, payent	je paierai, payerai tu paieras, payeras il, elle paiera, payera nous paierons, payerons vous paierez, payerez ils, elles paieront, payeront	je payais tu payais il, elle payait nous payions vous payiez ils, elles payaient	je payai tu payas il, elle paya nous payâmes vous payâtes ils, elles payèrent

	Indicatif		Conditionnel	Subjonctif
Passé composé	Plus-que-parfait	Futur antérieur	Présent	Présent
j'ai eu tu as eu il, elle a eu nous avons eu vous avez eu ils, elles ont eu	j'avais eu tu avais eu il, elle avait eu nous avions eu vous aviez eu ils, elles avaient eu	j'aurai eu tu auras eu il, elle aura eu nous aurons eu vous aurez eu ils, elles auront eu	j'aurais tu aurais il, elle aurait nous aurions vous auriez ils, elles auraient	que j'aie que tu aies qu'il, elle ait que nous ayons que vous ayez qu'ils, elles aient
j'ai été tu as été il, elle a été nous avons été vous avez été ils, elles ont été	j'avais été tu avais été il, elle avait été nous avions été vous aviez été ils, elles avaient été	j'aurai été tu auras été il, elle aura été nous aurons été vous aurez été ils, elles auront été	je serais tu serais il, elle serait nous serions vous seriez ils, elles seraient	que je sois que tu sois qu'il, elle soit que nous soyons que vous soyez qu'ils, elles soient
j'ai trouvé tu as trouvé il, elle a trouvé nous avons trouvé vous avez trouvé ils, elles ont trouvé	j'avais trouvé tu avais trouvé il, elle avait trouvé nous avions trouvé vous aviez trouvé ils, elles avaient trouvé	j'aurai trouvé tu auras trouvé il, elle aura trouvé nous aurons trouvé vous aurez trouvé ils, elles auront trouvé	je trouverais tu trouverais il, elle trouverait nous trouverions vous trouveriez ils, elles trouveraient	que je trouve que tu trouves qu'il, elle trouve que nous trouvions que vous trouviez qu'ils, elles trouvent
j'ai acheté tu as acheté il, elle a acheté nous avons acheté vous avez acheté ils, elles ont acheté	j'avais acheté tu avais acheté il, elle avait acheté nous avions acheté vous aviez acheté ils, elles avaient acheté	j'aurai acheté tu auras acheté il, elle aura acheté nous aurons acheté vous aurez acheté ils, elles auront acheté	j'achèterais tu achèterais il, elle achèterait nous achèterions vous achèteriez ils, elles achèteraient	que j'achète que tu achètes qu'il, elle achète que nous achetions que vous achetiez qu'ils, elles achètent
j'ai jeté tu as jeté il, elle a jeté nous avons jeté vous avez jeté ils, elles ont jeté	j'avais jeté tu avais jeté il, elle avait jeté nous avions jeté vous aviez jeté ils, elles avaient jeté	j'aurai jeté tu auras jeté il, elle aura jeté nous aurons jeté vous aurez jeté ils, elles auront jeté	je jetterais tu jetterais il, elle jetterait nous jetterions vous jetteriez ils, elles jetteraient	que je jette que tu jettes qu'il, elle jette que nous jetions que vous jetiez qu'ils, elles jettent
j'ai appelé tu as appelé il, elle a appelé nous avons appelé vous avez appelé ils, elles ont appelé	j'avais appelé tu avais appelé il, elle avait appelé nous avions appelé vous aviez appelé ils, elles avaient appelé	j'aurai appelé tu auras appelé il, elle aura appelé nous aurons appelé vous aurez appelé ils, elles auront appelé	j'appellerais tu appellerais il, elle appellerait nous appellerions vous appelleriez ils, elles appelleraient	que j'appelle que tu appelles qu'il, elle appelle que nous appelions que vous appeliez qu'ils, elles appellent
j'ai envoyé tu as envoyé il, elle a envoyé nous avons envoyé vous avez envoyé ils, elles ont envoyé	j'avais envoyé tu avais envoyé il, elle avait envoyé nous avions envoyé vous aviez envoyé ils, elles avaient envoyé	j'aurai envoyé tu auras envoyé il, elle aura envoyé nous aurons envoyé vous aurez envoyé ils, elles auront envoyé	j'enverrais tu enverrais il, elle enverrait nous enverrions vous enverriez ils, elles enverraient	que j'envoie que tu envoies qu'il, elle envoie que nous envoyions que vous envoyiez qu'ils, elles envoient
j'ai payé tu as payé il, elle a payé nous avons payé vous avez payé ils, elles ont payé	j'avais payé tu avais payé il, elle avait payé nous avions payé vous aviez payé ils, elles avaient payé	j'aurai payé tu auras payé il, elle aura payé nous aurons payé vous aurez payé ils, elles auront payé	je paierais, payerais tu paierais, payerais il, elle paierait, payerait nous paierions, payerions vous paieriez, payeriez ils, elles paieraient, payeraient	que je paie, paye que tu paies, payes qu'il, elle paie, paye que nous payions que vous payiez qu'ils, elles paient, payent

| Infinitif | Impératif | Indicatif | | | |
	Présent	Présent	Futur	Imparfait	Passé simple
agir verbes du 2e groupe agissant	agis agissons agissez	j'agis tu agis il, elle agit nous agissons vous agissez ils, elles agissent	j'agirai tu agiras il, elle agira nous agirons vous agirez ils, elles agiront	j'agissais tu agissais il, elle agissait nous agissions vous agissiez ils, elles agissaient	j'agis tu agis il, elle agit nous agîmes vous agîtes ils, elles agirent
aller allant	va allons allez	je vais tu vas il, elle va nous allons vous allez ils, elles vont	j'irai tu iras il, elle ira nous irons vous irez ils, elles iront	j'allais tu allais il, elle allait nous allions vous alliez ils, elles allaient	j'allai tu allas il, elle alla nous allâmes vous allâtes ils, elles allèrent
faire faisant	fais faisons faites	je fais tu fais il, elle fait nous faisons vous faites ils, elles font	je ferai tu feras il, elle fera nous ferons vous ferez ils, elles feront	je faisais tu faisais il, elle faisait nous faisions vous faisiez ils, elles faisaient	je fis tu fis il, elle fit nous fîmes vous fîtes ils, elles firent
venir survenir prévenir revenir venant	viens venons venez	je viens tu viens il, elle vient nous venons vous venez ils, elles viennent	je viendrai tu viendras il, elle viendra nous viendrons vous viendrez ils, elles viendront	je venais tu venais il, elle venait nous venions vous veniez ils, elles venaient	je vins tu vins il, elle vint nous vînmes vous vîntes ils, elles vinrent
prendre apprendre comprendre surprendre prenant	prends prenons prenez	je prends tu prends il, elle prend nous prenons vous prenez ils, elles prennent	je prendrai tu prendras il, elle prendra nous prendrons vous prendrez ils, elles prendront	je prenais tu prenais il, elle prenait nous prenions vous preniez ils, elles prenaient	je pris tu pris il, elle prit nous prîmes vous prîtes ils, elles prirent
pouvoir pouvant		je peux *ou* je puis tu peux il, elle peut nous pouvons vous pouvez ils, elles peuvent	je pourrai tu pourras il, elle pourra nous pourrons vous pourrez ils, elles pourront	je pouvais tu pouvais il, elle pouvait nous pouvions vous pouviez ils, elles pouvaient	je pus tu pus il, elle put nous pûmes vous pûtes ils, elles purent
voir revoir prévoir voyant	vois voyons voyez	je vois tu vois il, elle voit nous voyons vous voyez ils, elles voient	je verrai tu verras il, elle verra nous verrons vous verrez ils, elles verront	je voyais tu voyais il, elle voyait nous voyions vous voyiez ils, elles voyaient	je vis tu vis il, elle vit nous vîmes vous vîtes ils, elles virent
ouvrir découvrir recouvrir offrir ouvrant	ouvre ouvrons ouvrez	j'ouvre tu ouvres il, elle ouvre nous ouvrons vous ouvrez ils, elles ouvrent	j'ouvrirai tu ouvriras il, elle ouvrira nous ouvrirons vous ouvrirez ils, elles ouvriront	j'ouvrais tu ouvrais il, elle ouvrait nous ouvrions vous ouvriez ils, elles ouvraient	j'ouvris tu ouvris il, elle ouvrit nous ouvrîmes vous ouvrîtes ils, elles ouvrirent
falloir		il faut	il faudra	il fallait	il fallut

	Indicatif		Conditionnel	Subjonctif
Passé composé	Plus-que-parfait	Futur antérieur	Présent	Présent
j'ai agi	j'avais agi	j'aurai agi	j'agirais	que j'agisse
tu as agi	tu avais agi	tu auras agi	tu agirais	que tu agisses
il, elle a agi	il, elle avait agi	il, elle aura agi	il, elle agirait	qu'il, elle agisse
nous avons agi	nous avions agi	nous aurons agi	nous agirions	que nous agissions
vous avez agi	vous aviez agi	vous aurez agi	vous agiriez	que vous agissiez
ils, elles ont agi	ils, elles avaient agi	ils, elles auront agi	ils, elles agiraient	qu'ils, elles agissent
je suis allé(e)	j'étais allé(e)	je serai allé(e)	j'irais	que j'aille
tu es allé(e)	tu étais allé(e)	tu seras allé(e)	tu irais	que tu ailles
il, elle est allé(e)	il, elle était allé(e)	il, elle sera allé(e)	il, elle irait	qu'il, elle aille
nous sommes allé(e)s	nous étions allé(e)s	nous serons allé(e)s	nous irions	que nous allions
vous êtes allé(e)s	vous étiez allé(e)s	vous serez allé(e)s	vous iriez	que vous alliez
ils, elles sont allé(e)s	ils, elles étaient allé(e)s	ils, elles seront allé(e)s	ils, elles iraient	qu'ils, elles aillent
j'ai fait	j'avais fait	j'aurai fait	je ferais	que je fasse
tu as fait	tu avais fait	tu auras fait	tu ferais	que tu fasses
il, elle a fait	il, elle avait fait	il, elle aura fait	il, elle ferait	qu'il, elle fasse
nous avons fait	nous avions fait	nous aurons fait	nous ferions	que nous fassions
vous avez fait	vous aviez fait	vous aurez fait	vous feriez	que vous fassiez
ils, elles ont fait	ils, elles avaient fait	ils, elles auront fait	ils, elles feraient	qu'ils, elles fassent
je suis venu(e)	j'étais venu(e)	je serai venu(e)	je viendrais	que je vienne
tu es venu(e)	tu étais venu(e)	tu seras venu(e)	tu viendrais	que tu viennes
il, elle est venu(e)	il, elle était venu(e)	il, elle sera venu(e)	il, elle viendrait	qu'il, elle vienne
nous sommes venu(e)s	nous étions venu(e)s	nous serons venu(e)s	nous viendrions	que nous venions
vous êtes venu(e)s	vous étiez venu(e)s	vous serez venu(e)s	vous viendriez	que vous veniez
ils, elles sont venu(e)s	ils, elles étaient venu(e)s	ils, elles seront venu(e)s	ils, elles viendraient	qu'ils, elles viennent
j'ai pris	j'avais pris	j'aurai pris	je prendrais	que je prenne
tu as pris	tu avais pris	tu auras pris	tu prendrais	que tu prennes
il, elle a pris	il, elle avait pris	il, elle aura pris	il, elle prendrait	qu'il, elle prenne
nous avons pris	nous avions pris	nous aurons pris	nous prendrions	que nous prenions
vous avez pris	vous aviez pris	vous aurez pris	vous prendriez	que vous preniez
ils, elles ont pris	ils, elles avaient pris	ils, elles auront pris	ils, elles prendraient	qu'ils, elles prennent
j'ai pu	j'avais pu	j'aurai pu	je pourrais	que je puisse
tu as pu	tu avais pu	tu auras pu	tu pourrais	que tu puisses
il, elle a pu	il, elle avait pu	il, elle aura pu	il, elle pourrait	qu'il, elle puisse
nous avons pu	nous avions pu	nous aurons pu	nous pourrions	que nous puissions
vous avez pu	vous aviez pu	vous aurez pu	vous pourriez	que vous puissiez
ils, elles ont pu	ils, elles avaient pu	ils, elles auront pu	ils, elles pourraient	qu'ils, elles puissent
j'ai vu	j'avais vu	j'aurai vu	je verrais	que je voie
tu as vu	tu avais vu	tu auras vu	tu verrais	que tu voies
il, elle a vu	il, elle avait vu	il, elle aura vu	il, elle verrait	qu'il, elle voie
nous avons vu	nous avions vu	nous aurons vu	nous verrions	que nous voyions
vous avez vu	vous aviez vu	vous aurez vu	vous verriez	que vous voyiez
ils, elles ont vu	ils, elles avaient vu	ils, elles auront vu	ils, elles verraient	qu'ils, elles voient
j'ai ouvert	j'avais ouvert	j'aurai ouvert	j'ouvrirais	que j'ouvre
tu as ouvert	tu avais ouvert	tu auras ouvert	tu ouvrirais	que tu ouvres
il, elle a ouvert	il, elle avait ouvert	il, elle aura ouvert	il, elle ouvrirait	qu'il, elle ouvre
nous avons ouvert	nous avions ouvert	nous aurons ouvert	nous ouvririons	que nous ouvrions
vous avez ouvert	vous aviez ouvert	vous aurez ouvert	vous ouvririez	que vous ouvriez
ils, elles ont ouvert	ils, elles avaient ouvert	ils, elles auront ouvert	ils, elles ouvriraient	qu'ils, elles ouvrent
il a fallu	il avait fallu	il aura fallu	il faudrait	qu'il faille

| Infinitif | Impératif | Indicatif | | | |
	Présent	Présent	Futur	Imparfait	Passé simple
partir partant	pars partons partez	je pars tu pars il, elle part nous partons vous partez ils, elles partent	je partirai tu partiras il, elle partira nous partirons vous partirez ils, elles partiront	je partais tu partais il, elle partait nous partions vous partiez ils, elles partaient	je partis tu partis il, elle partit nous partîmes vous partîtes ils, elles partirent
dire disant	dis disons dites	je dis tu dis il, elle dit nous disons vous dites ils, elles disent	je dirai tu diras il, elle dira nous dirons vous direz ils, elles diront	je disais tu disais il, elle disait nous disions vous disiez ils, elles disaient	je dis tu dis il, elle dit nous dîmes vous dîtes ils, elles dirent
devoir devant		je dois tu dois il, elle doit nous devons vous devez ils, elles doivent	je devrai tu devras il, elle devra nous devrons vous devrez ils, elles devront	je devais tu devais il, elle devait nous devions vous deviez ils, elles devaient	je dus tu dus il, elle dut nous dûmes vous dûtes ils, elles durent
vouloir voulant	 veuillez	je veux tu veux il, elle veut nous voulons vous voulez ils, elles veulent	je voudrai tu voudras il, elle voudra nous voudrons vous voudrez ils, elles voudront	je voulais tu voulais il, elle voulait nous voulions vous vouliez ils, elles voulaient	je voulus tu voulus il, elle voulut nous voulûmes vous voulûtes ils, elles voulurent
mettre mettant	mets mettons mettez	je mets tu mets il, elle met nous mettons vous mettez ils, elles mettent	je mettrai tu mettras il, elle mettra nous mettrons vous mettrez ils, elles mettront	je mettais tu mettais il, elle mettait nous mettions vous mettiez ils, elles mettaient	je mis tu mis il, elle mit nous mîmes vous mîtes ils, elles mirent
savoir sachant	sache sachons sachez	je sais tu sais il, elle sait nous savons vous savez ils, elles savent	je saurai tu sauras il, elle saura nous saurons vous saurez ils, elles sauront	je savais tu savais il, elle savait nous savions vous saviez ils, elles savaient	je sus tu sus il, elle sut nous sûmes vous sûtes ils, elles surent
vivre vivant	vis vivons vivez	je vis tu vis il, elle vit nous vivons vous vivez ils, elles vivent	je vivrai tu vivras il, elle vivra nous vivrons vous vivrez ils, elles vivront	je vivais tu vivais il, elle vivait nous vivions vous viviez ils, elles vivaient	je vécus tu vécus il, elle vécut nous vécûmes vous vécûtes ils, elles vécurent
croire croyant	crois croyons croyez	je crois tu crois il, elle croit nous croyons vous croyez ils, elles croient	je croirai tu croiras il, elle croira nous croirons vous croirez ils, elles croiront	je croyais tu croyais il, elle croyait nous croyions vous croyiez ils, elles croyaient	je crus tu crus il, elle crut nous crûmes vous crûtes ils, elles crurent

	Indicatif		Conditionnel	Subjonctif
Passé composé	Plus-que-parfait	Futur antérieur	Présent	Présent
je suis parti(e) tu es parti(e) il, elle est parti(e) nous sommes parti(e)s vous êtes parti(e)s ils, elles sont parti(es)	j'étais parti(e) tu étais parti(e) il, elle était parti(e) nous étions parti(e)s vous étiez parti(e)s ils, elles étaient parti(es)	je serai parti(e) tu seras parti(e) il, elle sera parti(e) nous serons parti(e)s vous serez parti(e)s ils, elles seront parti(e)s	je partirais tu partirais il, elle partirait nous partirions vous partiriez ils, elles partiraient	que je parte que tu partes qu'il, elle parte que nous partions que vous partiez qu'ils, elles partent
j'ai dit tu as dit il, elle a dit nous avons dit vous avez dit ils, elles ont dit	j'avais dit tu avais dit il, elle avait dit nous avions dit vous aviez dit ils, elles avaient dit	j'aurai dit tu auras dit il, elle aura dit nous aurons dit vous aurez dit ils, elles auront dit	je dirais tu dirais il, elle dirait nous dirions vous diriez ils, elles diraient	que je dise que tu dises qu'il, elle dise que nous disions que vous disiez qu'ils, elles disent
j'ai dû tu as dû il, elle a dû nous avons dû vous avez dû ils, elles ont dû	j'avais dû tu avais dû il, elle avait dû nous avions dû vous aviez dû ils, elles avaient dû	j'aurai dû tu auras dû il, elle aura dû nous aurons dû vous aurez dû ils, elles auront dû	je devrais tu devrais il, elle devrait nous devrions vous devriez ils, elles devraient	que je doive que tu doives qu'il, elle doive que nous devions que vous deviez qu'ils, elles doivent
j'ai voulu tu as voulu il, elle a voulu nous avons voulu vous avez voulu ils, elles ont voulu	j'avais voulu tu avais voulu il, elle avait voulu nous avions voulu vous aviez voulu ils, elles avaient voulu	j'aurai voulu tu auras voulu il, elle aura voulu nous aurons voulu vous aurez voulu ils, elles auront voulu	je voudrais tu voudrais il, elle voudrait nous voudrions vous voudriez ils, elles voudraient	que je veuille que tu veuilles qu'il, elle veuille que nous voulions que vous vouliez qu'ils, elles veuillent
j'ai mis tu as mis il, elle a mis nous avons mis vous avez mis ils, elles ont mis	j'avais mis tu avais mis il, elle avait mis nous avions mis vous aviez mis ils, elles avaient mis	j'aurai mis tu auras mis il, elle aura mis nous aurons mis vous aurez mis ils, elles auront mis	je mettrais tu mettrais il, elle mettrait nous mettrions vous mettriez ils, elles mettraient	que je mette que tu mettes qu'il, elle mette que nous mettions que vous mettiez qu'ils, elles mettent
j'ai su tu as su il, elle a su nous avons su vous avez su ils, elles ont su	j'avais su tu avais su il, elle avait su nous avions su vous aviez su ils, elles avaient su	j'aurai su tu auras su il, elle aura su nous aurons su vous aurez su ils, elles auront su	je saurais tu saurais il, elle saurait nous saurions vous sauriez ils, elles sauraient	que je sache que tu saches qu'il, elle sache que nous sachions que vous sachiez qu'ils, elles sachent
j'ai vécu tu as vécu il, elle a vécu nous avons vécu vous avez vécu ils, elles ont vécu	j'avais vécu tu avais vécu il, elle avait vécu nous avions vécu vous aviez vécu ils, elles avaient vécu	j'aurai vécu tu auras vécu il, elle aura vécu nous aurons vécu vous aurez vécu ils, elles auront vécu	je vivrais tu vivrais il, elle vivrait nous vivrions vous vivriez ils, elles vivraient	que je vive que tu vives qu'il, elle vive que nous vivions que vous viviez qu'ils, elles vivent
j'ai cru tu as cru il, elle a cru nous avons cru vous avez cru ils, elles ont cru	j'avais cru tu avais cru il, elle avait cru nous avions cru vous aviez cru ils, elles avaient cru	j'aurai cru tu auras cru il, elle aura cru nous aurons cru vous aurez cru ils, elles auront cru	je croirais tu croirais il, elle croirait nous croirions vous croiriez ils, elles croiraient	que je croie que tu croies qu'il, elle croie que nous croyions que vous croyiez qu'ils, elles croient

p49